Friedrich Zarncke

**Causa Nicolai Winter**

12. Band

Friedrich Zarncke

**Causa Nicolai Winter**
*12. Band*

ISBN/EAN: 9783744619066

Hergestellt in Europa, USA, Kanada, Australien, Japan

Cover: Foto ©ninafisch / pixelio.de

Weitere Bücher finden Sie auf **www.hansebooks.com**

# ABHANDLUNGEN

## DER PHILOLOGISCH-HISTORISCHEN CLASSE

### DER KÖNIGLICH SÄCHSISCHEN

# GESELLSCHAFT DER WISSENSCHAFTEN.

ZWÖLFTER BAND.

MIT SECHS TAFELN.

LEIPZIG

BEI S. HIRZEL.

1891.

# INHALT.

———————————————

Als ich vor nunmehr länger als 35 Jahren auf den Wunsch unserer Gesellschaft die urkundlichen Quellen zur Geschichte unserer Universität bis zum Jahre 1559 durcharbeitete, stiess ich wiederholt, zumal in zwei Handschriften des 15. Jahrhunderts, auf zahlreiche, einander, wie es schien, ergänzende, zum Theil überaus schwer lesbare Actenstücke, die, offenbar einem und demselben Verfahren angehörend, dessen Gegenstand als Causa Nicolai Winter bezeichnet zu werden pflegte, der Zeitgenossen Interesse in ungewöhnlichem Grade beschäftigt hatten, wie wiederholte Hinweisungen, mancherlei an den Rand gemalte Hände und andere Zeichen erregter Aufmerksamkeit bezeugten. Ich legte mir zunächst kurzgefasste Regesten über den Inhalt der einzelnen Schriftstücke an, ordnete dieselben chronologisch und durchsah nun leicht, dass es sich um einen Process handele, der wohl verdient hatte, Aufsehen zu erregen, indem er, von kleinsten Anfängen ausgehend, dann fast ganz Deutschland durchirrend, hinaufgestiegen war bis zur Betheiligung höchster Gewalten, und schliesslich sichtlich nicht ohne politische, für die Entwickelung unseres sächsischen Staatswesens wichtige Folgen geblieben war, ein augenfälliges Symptom der zerfahrenen Zustände des damaligen Reiches, und ein Beleg für die geschichtliche Wahrheit, dass deren Remedur nach Lage der Dinge damals nur von den Territorialherrschaften ausgehen konnte, und denn auch von ihnen ausgegangen ist.

Es schien mir, sowohl im Interesse der Geschichte unserer Universität wie in dem der allgemeinen deutschen Geschichte, vielleicht auch der Geschichte des gerichtlichen Verfahrens, der Mühe werth zu sein, den Gegenstand einmal im Zusammenhange vorzuführen.

Ich habe den geschichtlichen Verlauf so bestimmt wie möglich heraus-
zuarbeiten versucht; Juristen werden freilich wohl spüren, dass es
ein Nichtjurist ist, der hier die Feder führt.

# A. Darstellung des Verlaufs.

## I. Vor der Universität in Leipzig.

### Juli und August 1443.

Im Sommersemester 1434, bald nach Beginn desselben, unter
dem Rectorate des Joh. Tornow, ward in der Nation der Sachsen
immatriculiert *Erasmus Roge* (später gewöhnlich *Rogke*, auch *Rocke*,
*Rock* geschrieben) aus Juterbuk. Er war arm und die Immatricu-
lationsgebühren mussten ihm erlassen werden. Dazu stimmt wohl,
wenn ihm von seinem Gegner vorgeworfen wird, er sei ein Pfaffen-
sohn, also von unehelicher Geburt gewesen, wodurch man damals
als mit einem Makel behaftet erschien und von vielen Kreisen und
Berufen ausgeschlossen blieb. Wie alt er war und was er studiert
hat, wissen wir nicht. Viel wird es damit nicht gewesen sein, denn
nach etwa 8 Jahren, ums Jahr 1438[1]), hatte er das Studium an den
Nagel gehängt und eine Wittwe geheirathet, *Dorothea*, die ihm einen
Kramladen, offenbar ein Tuchgeschäft, mitbrachte. Es scheint eine
ehrbare Frau gewesen zu sein, da sie in den gerichtlichen Erlassen
der Universität *honesta domina* genannt wird. Fortan nahm Erasmus
sich dieses Handelsgeschäftes an, und erschien so vollständig als
Kaufmann, dass er dementsprechend Erasmus *Kramer* genannt zu
werden pflegte und dieser Name seinen eigentlichen Familiennamen
fast ganz verdrängt zu haben scheint. Damit trat er aus dem Ver-
hältnisse zur Universität heraus, ward nicht mehr als ihr suppositum
betrachtet, sondern in den Universitätsurkunden nur noch *oppidanus*
genannt; auch erkannte er den Stadtrath zu Leipzig fortan als seinen
ordentlichen Richter an.

Schon ein Semester früher als Erasmus war in Leipzig, im
Wintersemester 1430/31, unter dem Rectorat des Jacob Meseberch

---

1) In Winter's Brief vom 2. Juli 1448 heisst es, Rogke sei bereits 10 Jahre
oder länger verheirathet.

aus Stendal ein *Nicolaus Winter* aus Leipzig immatriculiert worden.
Er nennt sich später den Sohn eines Leipziger Bürgers, und wusste
sich viel darauf zu Gute, gegenüber dem Erasmus, dem Pfaffensohn.
Aber arm war auch er und es wurden auch ihm die Gebühren erlassen.
Er scheint von Natur grosse Wanderlust besessen zu haben, denn
im Winter 1431/32 ward er in Erfurt immatriculiert und sah sich so
auch noch später als Erfurter Studenten an. Doch kehrte er bald
nach Leipzig zurück, wo er im Wintersemester 1435/36, d. h. zu
Fasten (23. Febr.) 1436, unter dem Decan Johann de Brega mit 25
Genossen Baccalaureus ward, zugleich mit dem berühmt gewordenen
Hartmann Schedel von Nürnberg. Hier erscheint er nicht mehr als
pauper, sondern er zahlte das zu Zahlende, hatte jetzt also Erwerbs-
quellen gefunden. Von jetzt an scheint er juristischen Studien sich haben
zuwenden zu wollen. Da er sich auch *clericus Merseburgensis diocesis*
nennt, und dementsprechend der Merseburger Bischof als sein judex
ordinarius erscheint, so muss er in den geistlichen Stand eingetreten
sein, doch hat er wohl nur die erste Tonsur, also keine Weihen,
empfangen. Dadurch aber ward er zunächst nicht der Jurisdiction des
Rectors entzogen, wie sie sich auf alle in Leipzig anwesenden Immatri-
culierten erstreckte. Er scheint ein ungeordnetes wildes Leben geführt
zu haben. Man gab ihm das Zeugniss, dass er, statt die juristischen
Studien zu betreiben, mit Illitteraten sich abgegeben habe, und als
im Sommer 1443 der Process gegen ihn begann, stand er gerade
unter der Anklage, mit Würfeln gespielt zu haben, was damals auf
das Strengste verboten war[1]); auch war er geständig, zweimal ein
Mandat des Rectors vom schwarzen Brett abgerissen zu haben.

Mit der Entstehung dieses Processes verhält es sich nun so.

Im Anfang Juli erschien Erasmus Rogke vor dem Rector *Jo-
hannes Wise*, einem Niederdeutschen aus Rostock, einem der ener-
gischsten Charaktere, die die Universität im 15. Jahrhundert aufzu-
weisen gehabt hat, und brachte im Namen seiner Frau Dorothea,
die die Besitzerin des Geschäfts war, eine Klage gegen Nic. Winter
vor. Derselbe habe von dieser (nach Nic. Winter bereits vor etlichen
Jahren) 3 Ellen *Vorstadt* und 2 Ellen *Parcham*[2]) zu einer *jopula* gekauft,

---

1. Vgl. ZARNCKE, Statutenbücher S. 54, 3.

aber nicht bezahlt. Die Joppe trage er noch realiter an seinem
Leibe. Der Rector citierte die Parteien auf Donnerstag den 11. Juli
vor sich und die 4 Assessoren, die seit 1412 dem Rector adjungiert
waren[1]), und Erasmus brachte mündlich die Klage seiner Frau vor.
Nic. Winter läugnete die Schuld und behauptete, Dorothea habe ihm
das Zeug geschenkt. Das war eine wunderliche Ausflucht, die, wenn
sie nicht rein rabulistisch gemeint war, fast vermuthen lässt, man
dürfe hier zwischen den Zeilen lesen und ein früheres Verhältniss des
Winter zu Dorothea annehmen, sei es vor der Ehe mit Erasmus oder
gar noch während derselben. So würde diese Angelegenheit einen
pikanten Beigeschmack erhalten und es doppelt begreiflich werden,
dass Erasmus seinen Gegner auch noch ferner mit besonderer Schärfe
verfolgte. Der Rector gab diesem nun auf, binnen 8 Tagen als perem-
torischem Termin für seine Behauptung den Beweis zu erbringen.
Hierdurch fühlte sich Winter beeinträchtigt. Man weiss, wie das
deutsche und das geistliche Recht des Mittelalters darin auseinander-
gingen, dass jenes dem Angeklagten, dieses dem Kläger die Beweis-
last zuschob. Winter behauptete nun, der Rector habe dem Erasmus
den Beweis, dass das Tuch nicht geschenkt gewesen, sondern wirk-
lich gekauft sei, auferlegen müssen. So bauschte er diesen Fall auf
zu einem Aufeinanderprallen weltgeschichtlicher, das Mittelalter be-
wegender Gegensätze. Aber so stand es doch nicht. Schon an
sich war das Verfahren unter der Jurisdiction des Rectors nicht
an das strenge Einhalten der weitläufigen Processformen gebunden.
Der Rector verfuhr summarisch, *summatim* und *sine figura et sine
strepitu judicii*, wie es in den Clementinen V, 2 näher bestimmt
worden, und wie es durch die Statuten der Universität ausdrücklich
festgesetzt war[2]). Aber selbst wenn dem Rector nicht so nach
mehr patriarchalischen Formen zu verfahren gestattet gewesen wäre,
hätte die Beweiszuschiebung schwerlich anders ausfallen können.
Denn die Voraussetzung der Klage war eine an sich selbstverständ-

---

»Barchent«. Über *Vorstadt* theilt mir Herr Dr. KANT einige Stellen mit, deren
wichtigste sind: im Voc. inc. teut. *Vorstal pretexta, est genus panni nobilis*,
und bei FRISCH: *Forst, eine Art Gewebe von Seiden, Wollen und Leinen . . . Ge-
blümter Forst.*

1) Vgl. ZARNCKE, Statutenbücher S. 54, Z. 21, 32, S. 55, Z. 10.
2) Statutenbücher S. 52, Z. 8.

liche Thatsache, denn eine Handelsfrau verkauft das in ihrem Laden befindliche Zeug, verschenkt es nicht. Wollte Jemand das Letztere behaupten, so hatte er den Beweis zu führen, seine an sich unwahrscheinliche Behauptung glaublich zu machen, gewiss auch nach canonischem Rechte.

Winter aber spielte seinen Trumpf aus, freilich in einer den Statuten der Universität widersprechenden Weise. Von dem richterlichen Urtheile des Rectors galt eigentlich überhaupt keine Appellation, wenigstens nicht auf normalem statutengemässem Wege. Das einzige Mittel, gegen dasselbe aufzutreten, wäre gewesen, sich bei dem Kanzler der Universität oder dem Landesherrn über Pflichtverletzung des Rectors zu beschweren. So muss es auch verstanden werden, wenn später in der Darlegung des Sachverhaltes für das kurfürstliche Hofgericht gesagt wird, Winter habe das Urtheil nicht gestraft, sondern gelten lassen. Aber ganz ungehörig war bei dem summarischen Verfahren des Universitätsgerichtes eine Appellation während des Verlaufes der Untersuchung gegen ein bestimmtes Stadium derselben. Eine Beschwerde wäre, wenn Fürst oder Kanzler darauf eingingen, auch hier denkbar gewesen, aber sicherlich würden die Genannten nicht darauf eingegangen sein, die Universität sich dagegen gesträubt haben; denn welche Confusion würde eine solche Möglichkeit in die gesammte Rechtsprechung der Universität gebracht haben. Nun gar aber eine Appellation vom Rector an eine andere Instanz innerhalb der Universität war nicht nur nicht vorgesehen, sondern widersprach völlig dem Geist des Universitätslebens. Eine solche aber legte Winter ein. Er appellierte gegen eine bestimmte Auferlegung innerhalb des Verlaufes des Verfahrens und er schuf sich selber innerhalb der Universität eine Appellinstanz. Für dies ganz ungehörige Verfahren Winter's mag nur einigermassen als Entschuldigung gelten, dass er, der bereits vor 13 Jahren immatriculiert worden war, über die gewöhnlichen Studentenjahre hinaus war und sich bereits in Verhältnissen und Lebenslagen bewegte, in denen man sonst nur vor Gerichten Rede und Antwort zu stehen hatte, die nicht mit summarischem Verfahren, sondern unter Anwendung der umständlicheren Processregeln vorgingen. Winter nun wandte sich an die consiliarii, d. h. wie es in der nachrichtlichen Darstellung heisst, an das *plenum concilium universitatis*, wohl einen weiteren Rath für den Rector, dessen Bildung nicht ganz klar ist[1]); er bestand vielleicht aus den consiliarii der einzelnen Nationen[2]). Oder waren, als 1412 die 4 Assessoren eingeführt wurden, die früheren 8 consiliarii daneben geblieben und sind die hier gemeint? Dass das plenum concilium hier die gesammte Universität bedeute, wie es in § 11 der Statuten von 1410 (Statutenbücher 53, 21) gemeint zu sein scheint, ist nach der Verschiedenheit der Ausdrücke in den nachrichtlichen Protokollen über die Sitzungen vom 18. Juli und 7. August nicht glaublich; auch die Überschrift der Appellation *a judicialibus ad consiliarios* lässt sich unmöglich so deuten, dass mit letzteren die Gesammtheit der Universität sollte gemeint gewesen sein. Er appellierte schriftlich und wich auch darin von dem Herkommen ab. In diesem Schreiben brachte er seine Ansicht vor, dass Erasmus den Kauf des Tuches hätte beweisen müssen. Zugleich klagte er, dass derselbe seine Klage verändert habe, was ihm Rector und Assessoren zugegeben hätten. Worin diese Veränderung in der Klagstellung bestanden habe, erfahren wir nicht. Am Schlusse schrieb er, als sei sein Brief ein fürstlicher Erlass: *Gegeben under myme ingesigel.* Er war offenbar ein störrischer aufgeblasener Bursche.

Unbeirrt durch diese verfassungswidrige frivola appellatio schritt der Rector weiter. Er berief zu dem bestimmten Tage wieder eine Gerichtssitzung (Donnerstag, den 18. Juli 1443), diesmal aber, da er bereits erkannte, dass er es mit einem Rabulisten zu thun habe, es also eine *res ardua* sei, um die es sich handele, sammelte er, entsprechend Cap. 11 der Statuten[3]), das concilium Universitatis, das plenum concilium. Winter blieb unentschuldigt aus, hatte auch Nichts gethan, den ihm aufgegebenen Beweis zu liefern. So ward er denn — ohne dass das Concilium auf die an dasselbe gerichtete Appellation weiter einging, geschweige sein dreistes Verlangen, ihm schriftlich zu antworten, beachtete — verurtheilt zu einer Zahlung an Frau Dorothea von 4 Gulden (Flor.) 5 Gr., oder 1 Schock und 25 Groschen[4]), und in die, später noch festzusetzenden Kosten. Zu dieser

---

1) Vgl. Statutenbücher S. 53, Z. 22 und 25.

2) a. a. O. Z. 25.

3) a. a. O. Z. 21 fg.

4) Später, 1448 vor dem Hofgericht, wird die Summe genauer so specificiert: 3 Ellen Vorstadt, die Elle zu 27 Gr., und 2 Ellen Parcham. Da die

Summe kamen noch hinzu 1 Gulden (Flor.) für Würfelspiel nach § 3
der Statuten von 1412[1]), und 2 halbe Gulden für zweimaliges Ab-
reissen eines Mandats des Rectors, eben des, das ihn zur Zahlung der
ihm auferlegten Summe aufforderte. Eine Verurtheilung in einer
Gerichtssitzung scheint nicht statt gefunden zu haben. Vergehen und
Strafe wurden wohl als notorisch angesehen[2]). Zur Entrichtung dieser
Summe, resp. an Erasmus und an den Fiscus der Universität, ward
er nun durch öffentliche Anschläge abermals aufgefordert. Aber er
zahlte nicht und liess nichts von sich hören und sehen.

Da verschritt der Rector zur Vorbereitung seiner Exclusion.
Diese konnte nach § 9 der Statuten nur von der Gesammtheit der
Magister beschlossen werden[3]), und zu ihrer Beantragung war es
nöthig, dass der Angeklagte per quindenam, also 14 Tage hindurch,
in contumacia sua permanserit induratus, und dann 3 Tage vorher
noch ermahnt worden war. Ob dies Letztere geschehen ist, geht aus
den Acten nicht hervor. Der Termin aber lief etwa am 4./5. August
ab, und nun berief der Rector die Universitätsversammlung auf Mitt-
woch den 7. August. Hier ward die Exclusion Winter's als eines
*membrum putridum* beschlossen, doch sollte noch einmal, ex super-
habundanti, eine sechstägige Verwarnung voraufgehen. Als auch
diese Frist ohne Erfolg verlief, führte der Rector, sich noch einmal
des Beiraths der Juristen bedienend, den Beschluss der Versammlung
aus. Doch erst Sonntag den 25. August erfolgte die Ausstellung
und Anheftung des betreffenden Edictes. Natürlich war es nicht
die Geldschuld, um deren willen die Exclusion erfolgte, sondern
die Rücksichtslosigkeit, mit welcher der, bereits in üblem Rufe
stehende Mensch sich um nichts kümmerte und alle an ihn gerich-
teten Mahnungen und Ermahnungen behandelte, als gingen sie ihn
nichts an.

So war denn die Universität den rebellischen Burschen los,

---

Groschen dieselben sind, so hat der Vorstadt allein bereits 1 Schock 21 Gr. aus-
gemacht, und der Parcham nur 2 Gr. die Elle gekostet.

1) Statutenbücher 54, 11 fg.

2) Allerdings scheint hier in der Darlegung der Universität eine Ungenauigkeit
zu sein, man müsste denn annehmen, W. sei nach zweimaligem Abreissen des
Mandats noch dreimal, und nun gleich zur Zahlung auch der Strafgelder auf-
gefordert worden. 3) Statutenbücher 52, 29.

wenn sie ihm auch als einem Leipziger Kinde den Aufenthalt in der Stadt nicht weigern konnte. Aber nunmehr hatte sie auch keine Gewalt mehr über ihn und konnte dem Erasmus und seiner Gattin Dorothea nicht mehr zu dem ihr zugesprochenen Gelde verhelfen. Es blieb ihr nichts übrig als eine Urkunde, einen offenen Brief, auszufertigen und mit dem Rectoratssiegel zu beglaubigen, in welchem der Verlauf des Processes und das in demselben ergangene Urtheil mitgetheilt und alle Behörden ersucht wurden, dem Kläger zu seinem Rechte, zu der von ihm zu beanspruchenden Summe Geldes, zu verhelfen. In diesem Document fehlt in sämmtlichen 3 Abschriften, die wir von demselben besitzen, die Angabe des Datums, aber da es bereits in der nachrichtlichen Mittheilung über die Sitzung der Universitätsversammlung erwähnt und Anfangs September bereits in Merseburg von ihm Gebrauch gemacht wird, so fällt die Ausstellung sicher noch in den August, ja, da bereits, wie wir sehen werden, unterm 26. August Erasmus in Merseburg darauf anträgt, den Nic. Winter zu citieren, so dürfen wir es wohl wahrscheinlich finden, dass es ebenfalls bereits am 25. August fertiggestellt und dem Erasmus eingehändigt ward. Als Zeugen bei Ausstellung des Documentes werden 8 angesehene Professoren genannt, allen voran der ehrwürdige Augustinus de Kempnicz, der zu den ersten Magistern der Universität gehört hatte und der bereits im Jahr 1416 Decan gewesen war, zum Schluss einige erst im vorigen Semester promovierte Magister: bildeten diese 8 etwa das concilium Universitatis? Zwei aus jeder Nation scheinen es zu sein. Wenn freilich gesagt wird, dass sie in allen Stadien des Processes zugegen gewesen seien, so kann dies auf die Sitzung vom 11. Juli, in der nur die assessores oder judiciales anwesend waren, keine Anwendung finden. Unmöglich wäre es auch nicht, dass hiermit noch ein anderer Umstand zusammenhinge. Es gab Abschriften des Instruments, in welchen die Namen der beiden ältesten Herren, des *Augustinus de Kempnicz* und des *Paulus de Hallis* fehlten. Sollten diese in einigen Abschriften absichtlich fortgelassen sein, weil wenigstens sie nicht zugegen gewesen waren? Ausgestellt ward das Document von dem kaiserlichen Notar *Friedr. Radeloff*, der zugleich als Universitätssecretär fungierte und bei dem ganzen Verlauf des Processes persönlich anwesend gewesen zu sein behauptet; er muss also mit *Friedr. Rodolphi* identisch sein, so

wunderlich diese verschiedene Unterschrift erscheint: wir müssen
dabei bedenken, dass wir nur Abschriften und nicht die Originale
vor uns haben.

## II. Vor dem Domdechanten in Merseburg.

August 1443 bis April 1446.

Bereits am Montag, den 26. August, erschien Erasmus persön-
lich in Merseburg vor dem bischöflichen Gericht, dessen Vertreter
der Dechant der Merseburger Kathedrale *Johannes de Werder* und
dessen Notar Nic. Kreischdorff war, und verlangte, dass Nic. Winter
citiert werde, und diesem Verlangen ward durch ein Edict vom
28. August nachgegeben. Die Vorladung lautete auf Freitag, den
6. September.

Man sieht, Erasmus wollte nicht auf Grund seiner Recognitions-
urkunde nur die Exequierung des Universitätsurtheils erbitten, sondern
er schickte sich an, jetzt vor dem geistlichen Gericht den Process
von Neuem zu beginnen. Es mochte ihm das wohl erspriesslicher
erscheinen, als sich allein auf den Ausfall des patriarchalischen Ver-
fahrens vor der Universität zu verlassen. Damit treten wir aus dem
Gebiete des summarischen Verfahrens heraus und ein in die volle
damalige Umständlichkeit des schriftlichen Processes.

Da Nic. Winter in Leipzig sich aufhielt, so ging die Ladung an
den Präpositus des Thomas-Klosters daselbst, als den ersten Geist-
lichen Leipzigs, dem alle dortigen Kirchen und Kapellen, mit Aus-
nahme der Klosterkirchen, untergeordnet waren. Er hatte dafür zu
sorgen, dass die Ladung an den Kirchthüren angeschlagen werde,
und der Zettel musste mit dem Vermerk, dass die Ladung aus-
geführt sei, zurückgehen an das vorladende Gericht. Erasmus selber
musste, damaligem Herkommen gemäss, dafür sorgen, dass dem
allem entsprochen werde.

Am genannten Gerichtstage erschien Erasmus wieder in Merse-
burg und legte den Ladungszettel mit den verschiedenen Ausführungs-
vermerken vor. Als Beisitzer des Gerichts fungierten Petrus de Pirnis
und Jacob Rasoris. Auch Nic. Winter hatte sich eingefunden. Nun
trug Erasmus vor, dass Winter seiner Gattin für jene 5 Ellen Tuch

die Summe von 1 Schock 25 Gr. schuldig sei, und verlangte Aus-
zahlung des Geldes. Winter antwortete, er sei weder ihm noch
seiner Frau diese Summe schuldig. Da zog Erasmus als Beweis für
seine Behauptung das Document hervor, welches die Universität über
den Verlauf seines Processes ausgestellt hatte. Winter bat um Ab-
schrift und Ansetzung eines neuen Termins. Das geschah auf Freitag
den 13. September, oder, falls an diesem Tage kein Gericht gehalten
werden sollte, auf den nächstfolgenden Gerichtstag.

Um nun seine Rechte in Merseburg stets wahrnehmen zu können,
was ihm persönlich von Leipzig aus sehr schwer gewesen sein würde,
ernannte Erasmus sofort noch in derselben Gerichtssitzung zwei
Procuratoren, den *Joh. Kuwl* und *Nic. Worczin* (*Worczen*, *Wurzen*),
beides Kleriker, die, obwohl sie beide nicht der Merseburger Diöcese
angehörten, doch dort wohl ihren dauernden Aufenthalt gehabt haben
müssen. Wirklich in Thätigkeit getreten ist nur Nic. Worczin. Er
kommt auch sonst als Procurator für Leipziger Persönlichkeiten in
Merseburg vor; so führte er die Sache des Johann Meurer in der
bekannten Messeraffaire gegen Conrad Duve im Jahre 1446. Das
Schriftstück, durch welches jenen Beiden die bezügliche Vollmacht
ertheilt ward, erscheint auf den ersten Blick von unerträglicher Breite
und Rohheit: aber bei genauerem Studium wird man von Achtung
erfüllt, mit welcher Kunst und Präcision hier alle denkbaren Aus-
flüchte des Gegners abgeschnitten und alle in einem verwickelten
Process denkbaren Vorkommnisse in ihrem Zusammenhange ins Auge
gefasst sind. Es dürfte daher nicht uninteressant sein, dies wie
auch noch spätere ähnliche Actenstücke unter den Documenten in
seinem ganzen Umfange aufgenommen zu finden.

Der nächste Gerichtstag fand erst Sonnabend den 14. September
statt. Das Gericht war wieder bestellt wie früher. Nic. Winter erschien
und reichte seine Exceptio schriftlich ein, bat zugleich um Ansetzung
eines Termines, in welchem der Gegner, der jetzt durch Nicolaus
Worczen vertreten ward, seine Replik vorbringen könne. Dem ward
stattgegeben, und ein neuer Termin auf Sonnabend den 21. September
oder den nächstfolgenden Gerichtstag angesetzt. Natürlich erhielt des
Erasmus procurator eine Abschrift der Exceptio. Man sieht, es ging
Zug um Zug, und eine schnelle Erledigung versprach das schriftliche
Verfahren nicht.

Die schriftliche Exceptio Winter's behauptete, das von Erasmus vorgebrachte Instrument sei nicht secundum formam juris extrahiert; wenn aber Erasmus diesen Mangel etwa verbessern sollte, so trage er darauf an, dass die in demselben genannten Männer, also Augustinus de Kempnicz und die 7 übrigen, darüber verhört würden, woher sie über die an Erasmus zu zahlende Schuld unterrichtet seien. Zugleich scheint in den dunkel und ungeschickt ausgedrückten Worten angedeutet zu sein, dass die Genannten gar nicht alle bei den betr. Verhandlungen zugegen gewesen seien, was wir in der That nicht ganz unwahrscheinlich finden werden.

Der nächste Gerichtstag fiel erst auf Montag den 23. September und hier reichte Nic. Worczen die Replik ein, natürlich auch sie schriftlich. In ihr ward behauptet, dass jenes Instrument zu Recht bestehe, seine Authentie unanfechtbar, die als Zeugen in demselben genannten Männer von grosser Autorität seien, und dass daher darauf angetragen werde, dass nun Nic. Winter für überführt erklärt und zur Zahlung der über ihn verfügten Schuld angehalten werde.

Hier ist nun wohl eine Lücke in unseren Documenten anzunehmen, denn es fehlen die Verfügungen, die nun nothwendig ergangen sein müssen. Entweder hat das Gericht aus eigener Beschlussfassung eine Feststellung der Authentie der Zeugenangaben in dem Notariatsinstrumente des Friedr. Radeloff für nöthig erachtet, oder Nic. Winter hat nochmals und direct auf eine solche angetragen. Nach damaligem Gerichtsverfahren, in dem der Richter nur auf Antrag der Parteien eine Handlung vornahm, ist Letzteres gewiss das einzig Wahrscheinliche. Volle acht Monate gehen nun dahin, ohne dass wir über das in ihnen Vorgenommene unterrichtet werden. Nic. Winter hat vielleicht das Verfahren durch allerlei Winkelzüge in die Länge zu ziehen versucht, und ist, wie es scheint, vor Gericht nicht erschienen. Auf Dienstag den 19. Mai 1444 finden wir — und damit beginnen unsere Acten wieder — Termin angesetzt; an demselben Tage erfolgt noch einmal eine Vorladung Winter's an den Kirchthüren; es müssen doch wohl frühere vorangegangen sein, denn sonst würde eine Vorladung auf denselben Tag (hodie) gegen alle Billigkeit und Glaublichkeit sein.

Wieder erscheint an diesem Tage Nic. Worczen als Procurator, präsentiert zunächst den vom Dechanten erlassenen Vorladungsschein mit dem Beweise, dass die Vorladung an den Kirchthüren in Merseburg excculiert worden sei, und trägt, da Nic. Winter sich nicht stellt, und auch kein Anderer für ihn eintritt, nun auf Contumacialentscheidung an. Dann auf die Sache selber eingehend, bringt er 2 Zeugen, einen Merseburger Priester, Georg Fabri, und einen anderen Geistlichen, Nic. Zimmermann, die wohl beide in Merseburg bekannt waren und volle fides besassen. Das Zeugniss Beider wird nun, trotzdem die Gegenpartei nicht anwesend war, entgegengenommen, nachdem sie feierlich vereidigt sind. Es wird ihnen das Document vorgelegt, und Beide und jeder einzeln erkennen das Siegel an als das des Rectors und die Handschrift als die des genannten kaiserlichen Notars. Der Richter erklärte sich dadurch in Betreff der Authentie der Urkunde für befriedigt.

Wiederum scheinen jetzt Documente zu fehlen. Denn, wenn auch in der Sache nichts Wesentliches vermisst wird, so ist es doch kaum glaublich, dass der Richter sich, nach Actenschluss, die so einfache Sache so lange sollte überlegt haben, dass fast ein ganzes Jahr darüber hingegangen wäre. Das später zu erwähnende Schlussinstrument vom 1. April 1446 giebt auch ausdrücklich einen Termin nach dem 19. Mai 1444 an, auf welchem Nic. Winter nichts Verständiges gegen die Zeugenaussagen habe vorbringen können, wovon unsere Acten nichts enthalten. Auch muss die in unseren Documenten erhaltene einseitige Vorladung des Nic. Winter auffallen, da doch beide Parteien in gleicher Weise zum Schlussverfahren einzuladen waren. Das Instrument vom 1. April 1446 erklärt es, indem es angiebt, dass diese Vorladung auf Antrag des Nic. Worczen erlassen sei. Aber auch dieser fehlt unseren Acten.

Endlich am 26. Februar 1445 erging, wieder an den Präpositus des Thomas-Klosters in Leipzig, von Johannes de Werder die oben schon erwähnte Anweisung, den Nic. Winter in Leipzig citieren zu lassen, zu Sonnabend den 6. März, um der Verkündigung der Schlusssentenz beizuwohnen. Die Notiz des Geistlichen an der Nicolai-Kirche über die Ausführung der Vorladung ist von Mittwoch dem 3. März.

So kam denn endlich, nach fast vollen anderthalb Jahren, die Angelegenheit in Merseburg zum Schlussverfahren. Sonnabend den 6. März erschien wieder nur Nic. Worczen, präsentierte den Vorladungszettel mitsammt der Ausführungsnotiz und bat nun um ein

Endurtheil, natürlich wieder schriftlich. Der Dechant ging darauf ein und verlas — an demselben Tage ? s. u. — die bereits auf einem Zettel niedergeschriebene Sentenz. Sie verurtheilte den Nic. Winter zur Zahlung der 1 Schock und 25 Gr., und in die Kosten, die erst später festgestellt werden sollten. Merkwürdig ist, dass in dem Schlussdocument vom 1. April 1446 diese Verkündigung des Schlussurtheiles auf Freitag den 3. December (Freitag nach Andreae) verlegt wird. Letzteres Datum ist entschieden falsch, und die Vorladung vom 26. Februar wies doch schon auf das zu fällende Schlussurtheil hin. Unmöglich wäre es dennoch wohl nicht, und mit dem damaligen Processgange verträglich, wenn am 6. März 1445 nur der Antrag auf Schlusssentenz gestellt, diese selbst aber erst später erfolgt wäre. Es könnte dann der 14. Mai gemeint sein, der Freitag nach der Translatio Andreae. Aber auffallend bleibt immer die so einfach zusammenhängende Darstellung in dem Protokoll über die Verhandlung am 6. März.

Wie gemächlich man es betrieb und wie wenig Sinn dafür vorhanden war, Recht und Gerechtigkeit ausgeübt und gesichert zu sehen, geht recht schlagend daraus hervor, dass man wieder volle drei Viertel Jahr vorübergehen liess, ehe man zur Feststellung der Kosten verschritt. Erst am 15. November 1445 ward, wieder auf Veranlassung des Erasmus, nach Leipzig an den Präpositus des Thomas-Klosters eine Vorladung des Nic. Winter erlassen, in welcher er aufgefordert ward, am Freitag den 10. December in Merseburg zu erscheinen, um der Taxation der Kosten beizuwohnen. Am 18. November ward die Vorladung in Leipzig zur Ausführung gebracht.

An jenem Tage hatte sich, auffallender Weise, Nic. Winter selbst eingestellt. Nic. Worczen brachte zunächst wieder den Vorladungsschein mit der Ausführungsnotiz bei, und überreichte dann einen Zettel, auf dem seine Forderungen präcisiert waren. Der Dechant Joh. de Werder, auch diesmal in Gegenwart der beiden Gerichtsbeisitzer Petrus de Pirnis und Jacob Rasoris, moderierte die Rechnung auf 2 Gulden, und des Erasmus Procurator musste ihm noch ausdrücklich schwören, dass die wirklichen Kosten sich höher belaufen hätten. Die eingereichte Rechnung bezifferte sich auf 5 Gulden 2 Gr.; sie ward also beträchtlich unter die Hälfte herabgemindert. Nic. Winter scheint den Mund nicht aufgethan zu haben. Auch zur Execution dieses Urtheils ist man in Merseburg verschritten. Die betr. Actenstücke haben wir freilich nicht. Aber wiederholt nennt sich Nic. Winter später *vorbannet*, und die für das kurfürstliche Hofgericht im Herbst 1448 bestimmten Expositionen erwähnen ausdrücklich, dass Nic. Winter von dem Merseburger Domdechanten, nachdem er allen Aufforderungen, Zahlung zu leisten, nicht nachgekommen sei, excommuniciert worden sei. Wann dies geschehen ist, erfahren wir nicht. In dem Briefe an die Universität vom 9. Februar 1448 spricht Nic. Winter von der ihm drohenden Excommunication; sie scheint also erst im Frühling 1448 erfolgt zu sein.

Das Gericht des Bischofs verschritt schliesslich ebenfalls dazu, dem Kläger eine Urkunde in die Hände zu geben, die eine Darstellung des Processes enthielt, um ihn mit dieser sein Heil versuchen zu lassen. Also in ziemlich 2½ Jahren war die Angelegenheit nicht weiter gerückt als in fast ebenso viel Wochen vor der Universität Leipzig. Jenes Document ward dem Erasmus ausgestellt am 1. April 1446. Welchen Nutzen dasselbe gewähren sollte, sieht man zunächst nicht ab, denn eine Bitte, dem Erasmus zu seinem Rechte zu verhelfen und das richterliche Urtheil zur Ausführung zu bringen, enthält es nicht. Verständlich aber wird es als einfache Darlegung und Beglaubigung des Thatbestandes, wenn wir nun sehen werden, was inzwischen vorgegangen war.

### III. Vor dem Fehmgerichte.

Herbst und Winter 1445.

Schon viel früher als der Process vor dem Domdechanten in Merseburg bis zu dem angegebenen Ende fortgeführt war, gleich im Frühling 1445, als der Dechant eben sein Urtheil über die Hauptsache gefällt hatte, war Nic. Winter, der unruhige Querkopf, auf den Gedanken gekommen, sich an eine neue, zweifelsohne nicht normale, aber gerade damals sehr oft angerufene Instanz zu wenden, an die westfälischen Gerichte.

Man kennt das Aufkommen dieser Gerichte und ihre Wirksamkeit. Sie nahmen allmählig immer mehr für sich das Recht der

obersten Instanz im ganzen deutschen Reich in Anspruch und sahen
sich vor Allem als competent an, wo eine Rechtsverweigerung be-
hauptet ward. Besonders im 15. Jahrh., seit der Erzbischof Dietrich
von Köln (1414—1463) ihnen, offenbar aus selbstsüchtigen Gründen,
allen Vorschub leistete und auch Kaiser Sigmund (1410—1437) sie
eine Zeitlang gewähren liess, gelangten sie auf die Höhe ihrer,
zweifellos angemassten Macht. Man hat über ihre Wirksamkeit als
eine Art Reichsgericht verschieden geurtheilt. Ich vermag mich nur
denen anzuschliessen, welche dieselbe gering schätzen oder geradezu
verurtheilen. Meines Erachtens haben die westfälischen Gerichte in
einer Zeit der Verwirrung, des gährenden Hindrängens auf Neuge-
staltung, diese Verwirrung nur benutzt, um ihren Machtgelüsten zu
fröhnen, und sie haben die Verwirrung nur gesteigert. Ganz ver-
schwindend ist die Zahl der Fälle, in denen sie wirklich einmal von
Segen gewesen sind. Um die uns hier beschäftigende Zeit standen
sie auf der Höhe ihrer erträumten Macht.

Freilich war Winter's Verfahren durchaus ungerechtfertigt, denn
der eigentliche Richter des Erasmus war der Stadtrath in Leipzig,
und Erasmus hatte sich nie geweigert, ihm vor diesem Rede und
Antwort zu stehen. Aber Winter wollte eben nur im Trüben fischen.

Da jede der vielen Freigrafschaften der westfälischen Gerichte
damals, in wirrem Durcheinander, den Bezirk ihrer Befugniss über das
ganze Reich ausdehnte, so hatte Winter die Auswahl. Ein Verwandter,
*Andreas Oswald*, über den wir weiter nichts wissen, scheint den Aus-
schlag gegeben zu haben. An diesen trat er vor zwei Freischöffen
als Zeugen, Clawes Wyschken Rade und Curd Bramck, seine Sache
ab und dieser wandte sich an den Freigrafen *Heinrich van Grossen*,
vorsitzenden Richter der zum Erzbisthum Köln gehörenden Freigraf-
schaft zu Geseke, einem Ort in Westfalen zwischen Soest und Paderborn.
Sie war ein Lehen, und ward auch wohl dementsprechend benannt,
der Herren von Meldrich (Melrich), die auch noch andere Stühle in
der Nachbarschaft erwarben, bis sie 1461 die Freigrafschaft an die
Herren von Westphalen verkauften [1]). Heinrich van Grossen, auch *van
Grozen, Grosen, Griessen*, auch *Kræsener* genannt, ist schon von LINDNER

---

1) Hier und im Folgenden hat LINDNER's Buch über die Veme (Münster und
Paderborn, 1888) treffliche Dienste geleistet.

für die Jahre 1434—1443 als dortiger Freigraf nachgewiesen, seine
Stellung als solcher wird durch unsern Process um 2 Jahre weiter
verfolgt. Im April 1437 war er in Arnsberg bei der Berathung der
bekannten Reformation zugegen. Er scheint sich eines hervorragenden
Rufes erfreut zu haben, wenigstens finden wir ihn 1437 als herbei-
gerufenen Richter in dem benachbarten Büren, einer Freigrafschaft
des Bisthums Paderborn. Von Klagen über Übergriffe seinerseits
verlautet nicht viel; nur hatte er einmal auch Erfurter Juden vor
sein Gericht gezogen, gab aber die Ladung wieder auf[1]).

An diesen also hatte sich Winter durch seinen *liffliken frund*
Andreas Oswald gewandt, und Heinrich van Grossen erliess an Erasmus
Rogke, der hier wieder »Cramer« genannt wird, am 2. November 1445
eines der hergebrachten Warnungsschreiben mit der Aufforderung,
ihm entweder genug zu thun binnen 14 Nächten, oder dem Nic.
Winter freies Geleit zu verschaffen. Beide Forderungen sind wenig
verständlich und zeigen, wie ungenau der Freigraf instruiert war.
Was sollte Erasmus vornehmen, um dem Nic. Winter genug zu
thun? Und auch mit der Forderung freien Geleites war es kaum
ernstlich zu nehmen. Winter war damals noch nicht excommuni-
ciert, und dass ihm in Leipzig, oder in Sachsen überhaupt, Gefahr an
Leib und Leben gedroht hätte, ist nicht festzustellen. Wir finden
ihn denn auch mehrfach persönlich in Leipzig anwesend, ja noch
viel später, als er bereits excommuniciert war. Er that nur so, als
fühle er sich nicht sicher. Vgl. auch den Brief vom 9. Februar 1448
an die Universität.

Über den weiteren Verlauf dieser Angelegenheit werden wir
unterrichtet durch die Actenstücke, die später vor dem kurfürstlichen
Hofgericht ergingen. Erasmus hatte sich um Schutz an den Rath
zu Leipzig gewandt. Es war zu Verhandlungen gekommen — also
war Winter auch ohne freies Geleit unbehelligt in Leipzig anwesend
gewesen — und Winter beschuldigte später den Erasmus, ihn bei
dieser Gelegenheit in Gefahr Leibes und Lebens gebracht zu haben,
gewiss eine der rabulistischen Verdrehungen, von denen Winter's
Behauptungen so voll zu sein pflegen. Auch Vergleichsversuche
müssen damals angestellt worden sein; denn in den genannten

[1]) USENER, S. 124; im Staatsarchiv zu Magdeburg.

Schriften ist auch die Rede von einem *gutlichen stehen und tage,
als biderbe lute uffgenomen und beteydinget hatten.* Die nähere Kennt-
niss entzieht sich uns, da uns über jene Verhandlungen kein Acten-
stück erhalten ist.

## IV. Vor dem Propste in Altenburg

als Delegierten des Basler Concils.

März bis Mai 1446.

Das Benehmen des Nic. Winter während des langwierigen Pro-
cesses in Merseburg war recht widerspruchsvoll. Er hatte die
Richtigkeit des Instrumentes der Universität angefochten; an dem
Tage aber, wo über dasselbe verhandelt werden sollte, erschien er
nicht. Ebenso fehlte er bei Verkündigung des Schlussurtheils, da-
gegen war er auffallenderweise bei der Taxation der Kosten zugegen,
that aber den Mund nicht auf. Er war, bei aller Rabulisterei, doch
ein confuser Kopf, wie denn der Stil seiner Briefe, der deutschen
wie der lateinischen, sehr unklar ist.

In Wirklichkeit war er, auch nachdem das Fehmgericht offen-
bar versagt hatte, nicht gewillt, seine Sache aufzugeben; er beab-
sichtigte, nun von der Merseburger Entscheidung rite zu appellieren.
Das war für ihn auf alle Fälle erspriesslich, denn so lange eine
Appellation schwebte, war die Execution des unterinstanzlichen Ur-
theils ausgesetzt. Es war also für ihn von Werth, eine Instanz zu
finden, bei der mindestens eine Verschleppung der Sache wahr-
scheinlich war. Gewiss mit aus diesem Grunde übersprang er die
nächstgegebene Instanz, den erzbischöflichen Stuhl in Magdeburg,
und ging gleich über auf die in weiterer Ferne befindliche Instanz.
Das war der päpstliche Stuhl. Zu diesem Überspringen der Mittel-
instanz war er nach den damals noch geltenden Bestimmungen des
päpstlichen Rechtes befugt, wenn auch freilich damals bereits geplant
ward, ein solches Verfahren ferner nicht zu dulden[1]. Aber nun

---

[1] In dem Mainzer Ausgleichsentwurfe vom Febr. 1441 (Neue Sammlung
der Reichsabschiede, Frankfurt 1747, I, S. 166 fg., fälschlich von 1440 datiert)
heisst es § 13: *Item, ne gravati per saltum etiam ad Romanum pontificem, omisso
medio, sed ad immediate superiorem duntaxat . . . appellent.*

2*

existierten damals 2 Päpste, der in Rom, Eugenius IV, und der des Basler Concils, Felix V, damals in Lausanne. In Folge der kurfürstlichen Neutralität (seit März 1438) war keiner derselben in Deutschland anerkannt, und die Urkunden unterliessen es daher, überhaupt den Namen eines Papstes bei ihren chronologischen Angaben zu nennen, *nomine papae certis de causis omisso*. Das Basler Concil aber trat mit der Behauptung auf, dass ihm die Vertretung der christlichen Kirche gebühre, dass es also in geistlichen Dingen die oberste Instanz sei. Dies Concil nun wählte sich unser Winter als Appellationsinstanz, allerdings mit der damaligen politischen Lage Deutschlands in Übereinstimmung. Er konnte sicher sein, dass das Concil ihm entgegenkommen werde, denn es begann bereits für seine allgemeine Anerkennung besorgt zu werden, und ferner konnte er versichert sein, dass bei keiner Behörde die Hoffnung auf Verschleppung der Sache so aussichtsvoll war als bei dieser.

Er reichte daher beim bischöflichen Gericht in Merseburg das Gesuch um die s. g. Apostoli ein (»d. h. das vom Judex a quo für den Judex ad quem amtlich auszufertigende Schreiben über die eingelegte Berufung und deren processualisches Verhältniss«). Die Anklagen, die er in diesem Schreiben ausspricht, finden wir sonst nicht erwähnt. Er behauptete jetzt, das Leipziger Instrument sei *sinistre, dolose ac fraudulenter* erworben, *omnia contenta* desselben seien *falsa*, und er provociere *iterato* auf das Generalconcil. Wann diese Appellation erfolgte, wissen wir nicht, da unsere Überlieferung kein Datum bietet, vielleicht auch der Brief selber, wie gemeiniglich die Briefe Winter's, nicht datiert war. Aber da bereits am 14. März 1446 ein Edict der Appellationsinstanz erging, so wird wohl Winter's Eingabe bald nach dem letzten Termine in seinem Processe, der am 10. Dec. 1445 statt fand, erfolgt sein. Dass in dem Instrument vom 1. April 1446 ihrer nicht Erwähnung geschieht, kann nicht auffallen, da sie in den darzustellenden Verlauf des Processes vor dem bischöflichen Richter nicht mehr hineingehörte. In wiefern er die auf uns gekommene Appellation eine wiederholte nennen durfte, wissen wir ebenfalls nicht. Weder die Protokolle noch die Acten geben uns Auskunft.

Ob ihm die Apostoli gewährt worden sind, darüber verlautet nichts. Die Appellationsinstanz erwähnt ihrer nicht. Möglich ist, dass die Appellation für eine *frivola* erklärt und sie ihm verweigert wurde. Aber auffallend wäre das doch, und wir dürfen nicht unbeachtet lassen, dass wir sichere Nachrichten von einem Vorschreiten des Merseburger Bischofs zur Execution seines Urtheils erst aus einer Zeit (Frühling 1448) haben, als die Appellation nach Basel bereits gescheitert war.

Der Vertreter des Concils für Deutschland war damals der frühere langjährige Präsident, dann Vicekanzler desselben, der bekannte Cardinallegat *Ludwig von Arles, Arelatensis,* auch *d'Allemand* genannt, jener heftige energische Mann, der hauptsächlich die Absetzung Eugen's IV durchgesetzt hatte. Er war der eigentliche Vertreter der Concilienpartei und gewiss war ihm jede Anerkennung der Gewalt des Basler Concils und jede Gelegenheit zur Einmischung willkommen. Er befand sich damals in Frankfurt a. M., wo seit dem 6. März 1446 der bekannte Kurfürstentag abgehalten wurde, begleitet von 12 Doctoren, um dort die Berufung des versprochenen deutschen Nationalconcils zu betreiben. Es war bekanntlich jene Versammlung, die, gegen alle Bemühungen des Legaten, den Abfall vom Basler Concil vorbereitete.

Hierhin hatte sich Nic. Winter persönlich begeben und seine Sache mündlich vorgetragen. Der Cardinallegat übernahm die Angelegenheit und erliess am 11. März 1446 ein Schreiben an den Präpositus von Altenburg, — der nicht der Merseburger Diöcese angehörte — in welchem er diesen zum Subdelegaten in dieser Angelegenheit ernannte und Untersuchung und Berichtigung derselben anordnete. Diesen Brief übergab er dem Nic. Winter zu persönlicher Besorgung.

Der Propst von Altenburg, *Jano de Dolen (Dalen),* ein gewaltthätiger Mann, in nahen Beziehungen zu den sächsischen Herrschern stehend, die damals besonders gern in Altenburg residierten, und den damaligen Unmuth der Fürsten über die Universität Leipzig und namentlich über den energischen Joh. Wise[1]) theilend, — man erinnere sich der gewaltsamen Vorgänge, die sich um dieselbe Zeit in Leipzig abspielten — griff mit beiden Händen zu, obwohl er sich persönlich in einer eigenen Lage befand; denn im Herzen hielt er an Eugen IV

---

[1]) Vgl. STÜBEL, Statutenbuch der Universität Leipzig, No. 87, S. 105.

fest, nach dessen Pontificat er am Ende des Jahres 1445 sein damals
angefertigtes Testament datierte; officiell hatte auch er sich allerdings
mit den übrigen sächsischen Geistlichen für das Basler Concil er-
klärt[1]), und die Freude, sich an den verhassten Leipziger Magistern
rächen zu können, liess ihn sicherlich alle Bedenken vergessen; es
erscheint aber wie eine Beruhigung seines Gewissens, wenn er seinen
Auftraggeber, gegen dessen eigene Worte, als *a sede apostolica*, und
zwar sogar *specialiter* für diesen Fall, deputiert hinstellte. Aber
welches Anrecht besass er, als Appellationsinstanz über ein vom
bischöflichen Gerichte in Merseburg gefälltes Urtheil aufzutreten und
sich ein Untersuchungsrecht über die Universität Leipzig anzumassen?
Die dazu nöthig gewesenen Formalitäten waren seitens des Cardinal-
legaten nicht einmal berührt worden. Aber seine Leidenschaftlichkeit
riss ihn offenbar vorwärts. Er lieh dem persönlich anwesenden Nic.
Winter bereitwillig sein Ohr, und dieser hatte leichtes Spiel, den
Propst ganz für seine Sache einzunehmen. Dieser richtete, dem
Wunsche und der Darstellung des Winter entsprechend, nicht auf die
Form sondern auf den in dem Universitätsinstrument dargestellten
Inhalt sein Augenmerk und zweifelte dessen fides an; es handelte
sich für ihn also um eine Beschwerde über das Vorgehen der Leip-
ziger Universität, um die Loyalität der Leipziger Universitätsbehörden.
Er nannte jenes Instrument, die Worte Winter's sich aneignend, in
verblendeter Hast *non extractum sub forma juris sed surrepticium*. Am
27. April erliess er ein öffentliches Edict, in welchem die in dem
Universitätsinstrument genannten Zeugen, ferner Erasmus oder dessen
Gattin Dorothea vor sein Tribunal citiert wurden. Dabei lag ihm
eine Abschrift jenes Instrumentes vor, in welchem die Namen des
Augustinus de Kempnicz und des Paulus de Hallis fehlten; es wurden
also nur die 6 übrigen vorgeladen: *Petrus Pirner, Joh. de Ratispona,
Joh. Bussbach, Joh. Kameraw, Joh. Semeltreter* und *Joh. Hoensten
(Hogenstein)*.

Wohl unmittelbar nach Erlass dieser Citation richtete auch Nic.
Winter ein deutsches Schreiben an den Rector (es war das damals
Franc. Kurz) und die Magister der Universität, wie gewöhnlich un-

1) In der interessanten Urkunde, aus der Pückert in seiner »Neutralität«
S. 221 einen Auszug giebt.

daticrt. Er glaubte dieselben eingeschüchtert, radotierte in seiner
unklaren Weise, das Instrument sei falsch vor Gott und Menschen;
von dem Rector Conr. Tunaw (Winter 1445/46) hätten auch einige
Magister ein ähnliches »künstliches« Instrument erbeten, der »ehrbare«
Mann aber habe sich geweigert es zu gewähren; der Mag. Mellirstad
habe bekannt, dass einige der Zeugen gar nicht zugegen gewesen
seien; er sei *stumperlichen vorbannt* (d. i. excludiert); wenn sie Joh. Wisen
und Erasmus veranlassen wollten, ihm gerecht zu werden, so wolle
er sich jetzt noch darauf einlassen; gingen sie darauf nicht ein, so
werde er sich an solche Stätten und Enden wenden, *dass uch lichte
erschreglich werd stehen zcu dulden*, er wolle seine Klage richten an
Herren, Fürsten, Grafen, Freien, Ritter und Knechte, um zu seinem
Rechte zu gelangen. Hier wird auch von ihm erklärt, dass Erasmus
kein Anrecht auf die Privilegien der Universität habe, was ja gar
nicht in Frage gekommen war; denn Erasmus hatte ja selber den
Stadtrath als seinen Richter anerkannt. Vergebens versucht man aus
dem Gerede ein wirkliches Klagobject herauszufinden. Winter spielte
zum Schlusse seinen Erfurter Studenten aus, vielleicht, um dadurch
neue Kreise in sein Interesse zu ziehen. Auch jetzt verlangte er
schriftliche Antwort, und schloss wiederum hochtrabend: *Gegeben
vnder myneme ingesigel.*

Auch an den Domdechanten von Merseburg scheint ein Schreiben
des Propstes von Altenburg ergangen zu sein, ihm anbefehlend, Nichts
ferner in dieser Angelegenheit zu thun. So erzählt es später Nic.
Winter in seiner Klage vor dem kurfürstlichen Hofgerichte. Erhalten
ist ein solches Actenstück nicht, doch ist sein Erlass nicht unwahr-
scheinlich.

Die Universität antwortete zunächst dem Altenburger Propst in
freundlicher Weise. Es sei mit dem Nic. Winter ganz nach den
Universitätsgesetzen verfahren, man bitte ihn, die Universität nicht
in Aufrechterhaltung ihrer Disciplin zu stören, vielmehr zur Aus-
führung ihrer Beschlüsse behülflich zu sein. Dies Schreiben wird
bald erlassen sein — leider hat die Abschrift das Datum fortgelassen
—, wir können wohl Anfang Mai als wahrscheinlich annehmen.

Aber mit diesem artigen Rescript kam sie schön an.

Der Propst antwortete vermuthlich um die Mitte oder in der
zweiten Hälfte des Mai. Er hatte die Angelegenheit weiter mit Nic.

Winter besprochen und trat durchaus in dessen Darstellung der Sache
ein. Er schrieb, dieser habe ihm den Verlauf der Angelegenheit
deutlich auseinandergesetzt. Die Universität treffe kein Tadel, wohl
aber den Joh. Wise, der eine untüchtige und falsche Sentenz erlassen
und durch ein schriftliches Instrument bekräftigt habe: weder Notarius
noch Assessoren seien ja zugegen gewesen. Das war von Nic. Winter
dreist erlogen, denn in der Appellation an die Consiliarii erwähnte
er ausdrücklich die Assessoren als Mitschuldige. Ferner habe kein
weiterer Grund zu seiner Exclusion vorgelegen als die Nicht-
zahlung der 2 Gulden Strafe, in die er verurtheilt gewesen sei. [1])
Wenn die Universität schreibe, er sei um Erasmus willen excludiert,
so widerspreche das ihrer eigenen Bekanntmachung. Darin hatte
der Propst Recht: dieser Ausdruck, der in dem Universitätsschreiben
allerdings gebraucht worden war, war in der That unzutreffend und
mindestens ungenau. Schliesslich ward verlangt, die Universität solle
dem Nic. Winter seine gute Gerechtigkeit nicht beeinträchtigen.

Auch Nic. Winter schrieb, sicherlich auch diesmal gleichzeitig
mit dem Propst, nochmals an die Universität. Er war ja in dieser
Sache der Vertraute des Propstes geworden und mit dem von der
Universität an diesen gerichteten Schreiben bekannt. Der Inhalt seines
Briefes ist ganz entsprechend dem, was der Erlass des Propstes ent-
hielt. Der Universität gönnt er nur alles Gute, selbst die Exclusion
hat er geduldig hingenommen. Aller Hass wird auch hier auf Joh.
Wise gehäuft, der nie einen Notarius zur Seite gehabt, auch allein
ohne Assessoren geurtheilt habe; das Instrument sei verkehrt u. s. w.
Eine wirkliche Ungerechtigkeit wird auch hier nicht dargelegt, man
kommt aus aufgebauschten Formalismen nicht heraus.

Indem sich so die Angelegenheit in Betreff der Universität einzig
und allein auf Joh. Wise zuspitzte, entstand die Frage, wie sich nun
die Universität zu ihrem früheren Rector stellen solle. Am 28. Mai

---

[1]) Es sind also 3 Behauptungen, die Winter nach und nach gegen den
Rector vorbrachte: 1) es sei ihm der erforderte Beweis nicht geliefert; 2) er sei
wegen Nichtzahlung einer geringen Geldsumme excludiert; 3) das notarielle In-
strument (vom 25. August 1443) sei falsch, d. h. habe einen gefälschten Inhalt.
Später kam, wie wir sehen werden, noch die 4. Behauptung hinzu, er sei aus
dem Kreise der Studierenden ausgetreten, also habe überhaupt der Rector keine
richterliche Gewalt mehr über ihn gehabt.

1446 fand eine Universisätsversammlung statt, in der die Nationen nicht
zu gleichlautenden Abstimmungen gelangten. Die Meissner und
Sachsen erklärten einfach, dass die Sache des Joh. Wise Sache der
Universität sei und auf deren Kosten geführt werden müsse. Ähnlich,
nur formell anders, lautete das Votum der polnischen Nation. Die
bairische verwies die Angelegenheit an die consiliarii und juris periti.
Am 30. Mai gaben diese ihre, nur für die bairische Nation geltende
Ansicht dahin ab, dass die *prima reysa* auf Kosten der Universität
zu erfolgen habe, zöge sich die Sache aber in die Länge, so solle
die Universität dem Joh. Wise zwar allen Vorschub leisten, die Kosten
aber solle er allein tragen. Dieser letztere Beschluss ist mir nicht
recht verständlich. Aber jedesfalls war in Folge dieser Beschlüsse
der Nationen der Rector durch die Universität gedeckt, und zwar
für alle Fälle: des gerade vorliegenden glaubte man sich noch er-
wehren zu können.

Denn zugleich ward am 28. Mai ein energischer Protest der
Universität gegen das Vorgehen des Altenburger Propstes beschlossen
und an denselben abgesandt. Nic. Winter sei ein ganz dissoluter
Geselle gewesen, der die Magister *in senario numero*, *praesentes et
absentes*, *taliter qualiter* behelligt habe. Darum habe ihn die gesammte
Universität, nach Nationen versammelt, einstimmig ausgeschlossen.
Der Propst möge nichts gegen die Universität versuchen. Nic. Winter
sei dem Propst mit Lügen vorgegangen. Diese lügenhaften Puncte
werden einzeln aufgezählt und widerlegt, daran eine kurze Recapi-
tulation des ganzen Processes nach den Protokollen geknüpft. Dann
aber wendet sich die Universität direct gegen den Propst, und wir
erkennen nun jene Männer wieder, die acht Wochen vorher so muthig
selbst ihrem Landesherrn entgegengetreten waren[1]). Er habe sich
einer Appellation von dem Endurtheil des bischöflichen Gerichtes in
Merseburg angenommen: in Betreff dessen seine Rechte zu wahren,
überlasse man dem Dechanten Joh. de Werder, den es in erster
Linie berühre; aber er sei mit dieser Appellation auch den Magistern
der Universität beschwerlich gefallen, über die er absolut keine Juris-
diction, weder eine ordnungsmässige noch eine delegierte, besitze;

----

1) Vgl. des Verf. Prorectoratsrede »Sonst und Jetzt« in der Leipziger Zeitung,
wissenschaftl. Beilage 1883 d. 6. Mai, No. 36.

damit habe er die Grenzen seiner Befugnisse offensichtlich überschritten: er möge dies formell zurücknehmen und für Ersatz der Kosten und Bemühungen, die der Universität daraus erwachsen seien, aufkommen; widrigenfalls werde man gezwungen sein, wenn auch ungerne, sich über diese Verletzung der Privilegien der Universität und über diese ungerechte Behelligung der Magister am richtigen Orte zur richtigen Zeit zu beschweren, auch die dem Joh. Wise in dem Anschreiben des Propstes zugefügte Diffamie nicht vergessen. Eine höfliche Schlussformel suchte dem Propst eine Brücke zu bauen, auf der er aus seiner verrannten Lage wieder herauskommen könne.

Und diese Brücke betrat der Propst wohlweislich. Er schwieg. Nach einer Behauptung Nic. Winter's in der Klage beim kurfürstlichen Hofgericht hätte der Propst die Sache ans Concil zurückgegeben. Ob auch noch von Merseburg aus ihm Vorhaltungen gemacht sind, wissen wir nicht, es ist aber sehr glaublich. Jedesfalls war die Angelegenheit hiermit abgethan; kein weiteres Actenstück scheint in derselben erfolgt zu sein, und der erste Versuch Nic. Winter's, durch Anrufung des Basler Concils ein anderes Urtheil oder wenigstens Aufschub zu erzielen, war somit in der unerwartet kurzen Frist von kaum 3 Monaten gescheitert.

## V. Vor dem Präsidenten des Basler Concils.

### Juli bis September 1447.

Aber Nic. Winter liess sich durch diesen Misserfolg nicht in den Hoffnungen stören, die er auf das Basler Concil gesetzt hatte. Hatte der Cardinallegat, der Beauftragte des Concils, juristische Fehler begangen, so war noch der Auftraggeber, das Concil selber, nicht angerufen. An dies wendete sich nun Winter, und wieder, er der ans Wandern gewöhnte Mann, persönlich. Er begab sich nach Basel. Neue Apostoli waren nicht nöthig, da ja die vom Cardinallegaten constituierte Instanz kein Urtheil gefällt hatte. Er konnte also event. die früher erbetenen, falls er sie erhalten haben sollte, noch als gültig ausgeben.

In Basel fingen die Verhältnisse bereits an sehr schlecht zu stehen. Der König, Mainz und Brandenburg hatten sich von dem Concil abgewendet, und überall traten die Symptome hervor, dass ihr Beispiel

Nachahmung finden werde. Um so lieber ergriff man in Basel jede
Gelegenheit, um noch seinen Einfluss und seine Machtbefugniss zu
documentieren. Man ging daher auch auf Winter's Berufung ein,
aber ein schneller Geschäftsgang war nicht zu erwarten, und an dem
war ja auch dem Nic. Winter Nichts gelegen.

Wann unser Baccalaureus in Basel angekommen ist, wissen wir
nicht. Im Winter geschah Nichts, erst gegen die Mitte des folgenden
Jahres erliess das Concil ein Mandat, die Sache zu untersuchen. Es
richtete dies Mandat an den Dr. jur. *Michael Baldewini*, den *causarum
judex et commissarius* des Concils. Unterzeichnet war es nicht, aber
es war dem Baldewini durch den *certus cursor* des Concils übergeben
und somit mit der nöthigen Fides versehen. In demselben wird
Nic. Winter mit der schmeichelhaften Bezeichnung *devotus sacri consilii
Basiliensis* beehrt, und dem Baldewini aufgegeben, die Untersuchung,
selbst oder durch einen andern der causarum judices des Concils,
einzuleiten; ausser auf Johannes Wise, Erasmus und Dorothea soll
die Untersuchung auch ausgestreckt werden auf Fredericus Radeloff
als den Verfasser des Instrumentes. Es ward in Baldewini's Belieben
gestellt, die genannten Personen nach Basel zu citieren.

Am 1. Juli 1447 erliess nun der Genannte sein Edict, in
welchem er sich an sämmtliche Geistliche der Merseburger und
Havelberger Diöcese (denn zu letzterer gehörte Radeloff) zwecks Aus-
führung desselben wandte. Er berief sich auf mündlich angebrachte
Bitten des Nic. Winter, und citierte die oben Genannten oder deren
Procuratoren auf den 34. Tag, nachdem ihnen durch irgend Jemand
die Citation bekannt geworden sei, nach Basel in das Minoriten-
kloster, das dem Concil zu seinen gerichtlichen Verhandlungen zur
Verfügung gestellt sei, vor sich oder seinen Stellvertreter; die Ge-
ladenen hätten sich mit den zur Führung ihrer Sache nöthigen und
förderlichen Documenten zu versehen. Von der geschehenen Publication
der Vorladung solle dem Aussteller des Edicts alsbald Mittheilung
gemacht werden. Zugleich solle ein Jeder, bei Strafe der durch die
That selbst sich zugezogenen Excommunication die beiden Bischöfe und
deren richterliche und sonstige Vertreter und die genannten An-
geklagten abhalten, irgend etwas gegen Nic. Winter vorzunehmen;
alle derartigen Handlungen seien für nichtgeschehen zu erklären. Den
beiden Bischöfen selbst ward, aus Ehrfurcht vor ihrer hochwürdigen

Stellung, mildere Behandlung in Aussicht gestellt. Zuerst sollte ihnen nur, nach voraufgegangener 6 tägiger Mahnung, der Zutritt zur Kirche verboten sein, nach weiteren 6 Tagen solle sie die Strafe der Suspension treffen, endlich nach abermaligen 6 Tagen die der Excommunication. Es war das ein wohl fruchtloser Versuch, die Bischöfe, von denen man sich in Basel damals bereits nicht mehr des Besten versah, durch Drohungen einzuschüchtern. Von allen diesen Excommunicationen solle nur er, der Richter, selber oder sein Superior absolvieren können.

Als Notar fungierte Bartoldus Henrici, aus der Mainzer, als Zeugen zwei Priester aus der Naumburger und Paderborner Diöcese. Sie waren Beisitzer des Gerichts gewesen, als Nic. Winter sein Gesuch vorgebracht hatte und es ihm gewährt worden war.

Dieser Schritt des Legaten war ein unbegreiflicher Fehler, denn am 25. Januar 1438 in seiner 31. Session hatte das Basler Concil selbst ein Decret *de causis et appellationibus* (Anfang: *Ecclesiasticae sollicitudinis studium*) erlassen (*ad salutem animarum et pacem ac quietem cunctorum statuit et decernit*), das in dem Satze gipfelte, *quod in partibus ultra quatuor diaetas a Romana curia distantibus omnes quaecunque causae, exceptis maioribus in iure expresse enumeratis . . . . apud illos iudices in partibus, qui de iure aut consuetudine praescripta vel privilegio cognitionem habent, terminentur et finiantur[1]).* Aufgenommen war diese Bestimmung sodann in die deutsche s. g. pragmatische Sanction vom 26. März 1439,[2]) Tit. XXVI, § 2. Und welches Gewicht man in Deutschland gerade hierauf legte, bewies jener im Februar 1441 in Mainz entstandene Ausgleichsentwurf der Kurfürsten, der dann 1442 festere Gestalt gewann[3]), in welchem als einer der Puncte, die von dem später anzuerkennenden Papste zu fordern sein würden, in wörtlicher Anlehnung an jenes Decret aufgestellt wird: *Item quod in partibus nostrae nationis ultra quatuor diaetas a curia distantibus omnes causae . . . in partibus terminentur.* Dass nun ein

---

1) Gedruckt bei WÜRDTWEIN, Subs. diplom. VII, 330 fg., am besten bei Car. Wilh. Koch, Sanctio pragmatica Germanorum illustrata (Strassburg 1789) S. 163.

2) (Ilonix), Concordata nat. Germanicae integra, 4°, S. 53 fg.

3) Vgl. Neue Sammlung von Reichs-Abschieden, Frankfurt a. M. 1747, I. S. 168; fälschlich von 1440 datiert.

höherer Beamter des damals bereits ganz auf den guten Willen der deutschen Fürsten angewiesenen Concils selber gegen diesen Paragraphen verstiess, ist überaus auffallend.

Mit dieser ellenlangen Ladungsepistel machte sich nun Nic. Winter auf den Weg. Es war im Sommer und er hätte rasch reisen können; aber auch für damalige Verkehrsverhältnisse muss er ziemlich langsam gereist sein, denn erst Sonntag den 30. Juli 1447 ward die Vorladung in Leipzig in der Thomas- und in der Nicolai-Kirche im Auftrage des Präpositus des Thomas-Klosters zur Ausführung gebracht. Eine weitere Publication derselben erschien nicht nöthig, denn alle Geladenen waren ja in Leipzig anwesend.

Die Sache wurde nun doch ernst. Gegen die formelle Rechtsgültigkeit des Documentes war, so lange überhaupt das Baseler Concil noch nicht völlig politisch todt war, Nichts einzuwenden. Mit seiner Bedeutung stand es freilich seit dem September-Reichstage des vorigen Jahres in Frankfurt und seit der Juli-Fürstenversammlung dieses Jahres in Aschaffenburg sehr misslich. Aber officiell hatte sich Sachsen, hatte sich Merseburg noch nicht von ihm losgesagt. Gerüchte freilich waren schon verbreitet, dass dies geschehen sei. Die Universität wendete sich daher, Rath und Hülfe suchend, an ihren Kanzler, den Bischof von Merseburg, in einem Schreiben, das uns leider nicht erhalten ist. Aber inzwischen und auf alle Fälle der Sicherheit halber musste man mit dem Erlasse des Baldewini rechnen und sich zur Vertheidigung rüsten. Denn so zuversichtlich wie der Notar Friedrich Radeloff war man nicht: dieser schlug einfach die Ladung nach Basel in den Wind und wandte sich nach Rom an den dortigen Papst Nicolaus V. Bei Joh. Wise mochte einem solchen Vorgehen auch sein Parteistandpunct entgegenstehen, denn er war erklärter Anhänger des Basler Concils[1]). Auch als es mit demselben auf die Neige ging, mochte er es mit seinen politischen Grundsätzen nicht vereinbar finden, es zu perhorrescieren. Aber nach Basel zu reisen war für ansässige Männer, die nicht, wie Winter, die Landstrasse als ihre Heimath betrachten konnten, eine Unmöglichkeit. Also musste man Procuratoren bestellen.

Aber woher diese nehmen? Da traf es sich günstig, dass zwei

---

1) Vgl. z. B. STÜBEL, Urkundenbuch der Universität Leipzig, No. 35, S. 47.

Männer in Leipzig bekannt waren, die sich gar wohl dazu empfahlen.
Der eine war kein geringerer als der Kämmerer des Papstes Felix,
*Thomas Rode*, Decret. Doctor und Scholasticus Lubicensis. Ihn hatte
das Basler Concil mit Anschreiben vom 29. April 1447 zusammen mit
dem Johannes de Rene als Abgesandte (*nuncii et oratores*) auch nach
Leipzig beordert, um in der immer kritischer werdenden Zeit die
Universität zum Festhalten an dem Concil und zum kräftigen Ein-
treten für dasselbe zu bestimmen[1]; auch zu den Kurfürsten, zum
König von Dänemark, zum Grossmeister des Deutschen Ordens sollten
sie sich begeben. Mit dem zweiten hatte es eine eigene Bewandt-
niss. Er hiess *Conrad Duve* (*Tube*) und war lange Zeit in Leipzig
viel, aber nicht immer in günstiger Weise, genannt gewesen. Er
hatte nämlich am 20. Sept. 1445, noch als Student, eine Messer-
affaire mit dem Mag. Joh. Murer (Meurer) gehabt. Sie hatten mit
Andern zusammen gezecht, dann Würfel gespielt, und hierbei war es
zu Thätlichkeiten gekommen, wobei Duve den Meurer mit einem
Messer ins Gesicht gestochen hatte. Beide Betheiligte stellten die
wilde Scene zu ihren Gunsten dar. Die Meinung der Universität
scheint nicht zu Ungunsten Duve's ausgefallen zu sein, wenigstens
ward er bald darauf zum Baccalaureus und im Anfang des Jahres
1447 sogar zum Magister promoviert. Aber Meurer hetzte ihm alsbald
die geistlichen Gerichte auf den Hals; es gab einen sehr verwickelten
Process und am 26. März 1446 ward Duve von dem Offizial des
Bischofs von Merseburg excommuniciert. Doch bereits am 6. Sept.
desselben Jahres ward diese Sentenz wieder zurückgenommen[2].
Nachdem Duve dann Magister geworden war, begab er sich nach Basel
zum Concil. Wir ersehen das aus einem Erlasse des Präsidenten,
des Cardinals Bernhard, Aquensis vulgariter nuncupatus, vom 2. Mai
1447, mit welchem er den Duve in Abwesenheit des poenitentiarius

---

1) STÜBEL, Urkundenbuch der Universität Leipzig No. 93, S. 110.

2) Vgl. die erhaltenen Actenstücke, freilich ohne chronologische Anordnung,
bei STÜBEL, Urkundenb. d. Univ. Leipzig No. 63 (S. 80), No. 70 (S. 88 fg.).
ferner No. 78 (S. 99), No. 79 (ebenda), No. 86 (S. 105), No. 94 (S. 111)
und No. 95 (S. 112). Fälschlich ist aber für Duve (Duue) stets *Dune* gedruckt.
Auch sonst finden sich manche Fehler, nicht bloss im Texte, sondern auch noch
sonst in den Eigennamen. So ist z. B. in 95, S. 112, 8 natürlich *Bernhardo* statt
*Burchardo* zu lesen.

major an den poenitentiarius minor, den Abt Balthasar von Zinna, der Zeit in Basel, sendet, um ihm eine *penitencia salutaris et alia quae de jure fuerint injungenda* aufzuerlegen. Ein Edict des Balthasar vom folgenden Tage verkündet, dass dieser Bitte entsprochen worden sei. Warum dies nach Zurücknahme der Excommunication noch nothwendig erschien, ist mir nicht klar. Aber soviel sehen wir daraus, Duve war im Mai in Basel, und gedachte sich, wie es in dem Schreiben heisst, auch noch eine Zeit lang dort aufzuhalten. Dann aber hatte er sich zurückbegeben — wir dürfen gewiss vermuthen in Begleitung des Dr. Thomas Rode —, denn am 12. Aug. 1447 war er wieder in Leipzig.

Auf diese beiden Männer, die zweifelsohne mit Joh. Wise genauer bekannt gewesen sind, richtete man nun sein Augenmerk. Joh. Wise und Erasmus thaten sich zusammen, begaben sich zu dem damaligen Rector der Universität, dem berühmten Juristen Johannes Swisikow, und liessen sich hier, der letztere für sich und seine Frau, am 12. August 1447 ein Procuratorium ausstellen für die genannten beiden Männer. Nur Duve war zugegen, Thomas Rode war noch nicht angelangt; noch am 31. August entschuldigte er sich, dass er noch nicht eingetroffen sei[1]). Gewiss war Conrad Duve in der Lage gewesen, für ihn gutzusagen. Das jetzt ausgestellte Procuratorium zeigt jenen breiten, wiederholungsvollen Stil, zu welchem der verwickelte Processgang jener Zeit die Parteien zwang. Ist man aber einigermassen in ihn eingelesen, so muss man zugeben, dass er, trotz alledem und alledem, präcise und klar ist. Ich habe daher den Abdruck auch dieses Actenstückes nicht unterlassen, obwohl es ein einfaches Advocatendocument ist ohne weiteren geschichtlich interessanten Inhalt. Der das Document ausstellende Notar war Petrus Schusen, ein ebenfalls in Leipzig hochangesehener Mann, Jurist, aber dabei Rector der Thomasschule, im Winter 1445 bereits Vicekanzler der Universität. Man sieht, die Angeklagten waren der thätigen Theilnahme der Besten ihrer Mitbürger versichert. Eine Notiz belehrt uns, dass auch Nic. Winter einen Procurator gehabt habe. Er hiess *Albertus Scheffel*. Von ihm ist mir Nichts weiter bekannt geworden.

Wir haben gesehen, dass Conrad Duve bereits zu dem Präsi-

---

1) STÜBEL, Urkundenbuch der Universität Leipzig, No. 97, S. 111.

denten des Concils, dem Cardinal *Bernhard*, in persönliche Be-
ziehungen getreten war, und wir haben nicht zu bezweifeln, dass er
sich persönlich wieder hin begeben hat nach Basel, und zwar auf
Kosten der Universität. Der Beschluss vom 28. Mai 1446 war ja
noch in Kraft, und in der Information der Universität an den Bischof
von Merseburg vom Herbste 1448 wird ausdrücklich gesagt, dass die
Universität einen Boten an das Concil gesandt habe, um dasselbe
genauer zu informieren.

Conrad Duve fasste nunmehr die Sache in Basel offenbar an der
richtigen Stelle an. Er wandte sich mit einer Beschwerde direct an
den Vorsitzenden des Concils, den Cardinal Bernhard, machte ihn
darauf aufmerksam, dass nach geistlichem Rechte (er meint die be-
reits besprochene Bestimmung des Basler Concils) alle Sachen, deren
Forum über vier Tagereisen von Rom entfernt liege, in den Pro-
vinzen zu behandeln seien, dass demnach das dem Michael Baldewini
ertheilte Commissorium, die Leute von Leipzig nach Basel zu citieren,
gegen das geltende Recht verstosse. Er forderte ihn auf, in An-
wendung seiner Präsidialbefugniss die Sache an sich zu ziehen und
sie dem Judex ordinarius, dem Merseburger Bischofsgerichte, zur
endgültigen Entscheidung zu überweisen und dieses zugleich mit der
Execution desselben, event. bis zur Anrufung des weltlichen Armes,
zu betrauen.

Vielleicht wäre es übrigens schon wenige Tage später in Leipzig
gar nicht mehr nöthig befunden, den kostspieligen Weg nach Basel zu
beschreiten. Denn schon am 11. August 1447, also einen Tag vor
Ausstellung des Procuratoriums, erliess der Bischof von Merseburg
seine Antwort auf jenes Schreiben der Universität und erklärte ihr,
dass er, seinem Metropoliten, dem Magdeburger Erzbischof, Folge
leistend, sich für den am 6. März in Rom gewählten Papst Nicolaus V
entschieden habe. Gleichzeitig richtete er ein Mandat an den Präpo-
situs des Thomas-Klosters in Leipzig[1]), dass derselbe ferner keine
Erlasse des Gegenpapstes Felix oder des Basler Conciles entgegen-
nehmen und keine Aufträge desselben mehr zur Ausführung zulassen
solle. Somit fehlte es fortan den Männern des Basler Concils an

---

[1]) Abgedruckt bei POSERN-KLETT, Urkundenbuch der Stadt Leipzig, II, No. 227,
S. 254.

allen Ausführungsorganen, um den Leipziger Angeklagten gefährlich werden zu können. Die Vorladung des Mich. Baldewini hätte jetzt nicht mehr erfolgen können.

Doch kehren wir zurück nach Basel und sehen wir uns um nach dem Erfolge, den die Vorstellungen des Conrad Duve bei dem Präsidenten des Concils hatten. Dieser Erfolg konnte kein besserer sein, der Präsident des Concils nahm die Sache selber in die Hand, und wir müssen es ihm und den Baselern zur Ehre nachsagen, dass sie sie jetzt mit Eifer und in klarer, durch Voreingenommenheit unbeirrter Weise betrieben haben. Bereits unter dem 19. Sept. 1447 erging eine Bulle des Concils. Man bemühte sich, den Mich. Baldewini nicht blosszustellen, aber man ging doch über ihn hinweg zum Schlussverfahren, und übertrug, ganz dem Antrage des Conrad Duve entsprechend, und seine Begründung wörtlich adoptierend, die Angelegenheit dem Ordinarius loci, dem Bischof von Merseburg. Joh. Wise, Erasmus und seine Frau sind nun zu *dilecti ecclesiae filii* geworden, eine Bezeichnung, die freilich auch Nic. Winter nicht versagt wird. Man beeiferte sich, die Angelegenheit noch wesentlich zu fördern, indem, wieder in genauer Anlehnung an den Antrag des Conr. Duve, dem Bischof aufgetragen ward, seinen Urtheilsspruch auch zur Execution zu bringen, event. unter Anrufung des weltlichen Armes.

Ob unter der eingetretenen Veränderung der politischen Verhältnisse dieses Mandat noch von irgend einem Werthe gewesen ist, mag dahin stehen. Möglich ist es gar wohl, dass der Bischof den Auftrag des Concils noch entgegennahm und zur Ausführung brachte. Denn in den noch von Eugen IV. vollzogenen versöhnlichen Erlassen vom 5. und 7. Februar 1447, die sein Nachfolger Nicolaus V. am 1. April desselben Jahres ausdrücklich bestätigte, hiess es: *necnon processus, sententias aliaque acta indiciaria, auctoritate ordinaria huiusmodi suspensionis et neutralitatis tempore factas seu facta, ... auctoritate apostolica ex recta scientia confirmamus.* Und es hiess noch ausserdem ausdrücklich, dass alle extraordinario titulo ergangenen und noch nicht zur Ausführung gelangten Sentenzen zurückgelangen sollten an den judex ordinarius, der dann *summarie simpliciter et de plano* den Process entscheiden solle[1]. Ja vielleicht erfolgte erst

---

1) Vgl. Neue und vollständigere Sammlung der Reichs-Abschiede u. s. w. Frankfurt a. M. 1747, I, S. 174 fg.

Abhandl. d. K. S. Gesellsch. d. Wissensch. XXVIII.　　　　3

jetzt, in Folge dieses Auftrages, die Excommunication Nic. Winter's, die am 9. Februar 1448 noch nicht stattgefunden zu haben scheint. Vielleicht hatte man bis dahin doch in Folge der Appellation gezögert.

Wie dem sei, für Nic. Winter's Sache war dies gleichgültig. Man konnte nicht gründlicher abfallen, als er abgefallen war, indem er statt der gehofften günstigen Entscheidung die Sache an denselben Richter zurückgewiesen und dessen freier Entscheidung anheimgestellt sah, gegen dessen Gericht er appellirt hatte. Er war denn nun auch, wie es scheint, für eine Zeit lang mürbe geworden. In Basel hatte er Nichts mehr zu suchen, er kehrte daher in seine Vaterstadt zurück, und hier schrieb er am 9. Februar 1448, diesmal einen lateinischen Brief an die Universität. In demselben bot er ein Vergleichsverfahren an. Auf Wunsch seiner Freunde und Eltern, die also noch lebten, sei er dazu bereit, auch habe er gehört, er solle excommunicirt werden, was freilich gegen alle Gerechtigkeit sei. Er wolle sich dem Ausspruche der Assessores, Judiciales und Studentes fügen, ja, wenn seine Sache von diesen für ungerecht erklärt werde, wolle er auf Alles verzichten. Aber wenn er Recht habe, so wolle er auch nicht Unrecht leiden u. s. w. Unklar und verschwommen ist wieder Alles. Man sieht, er befand sich auf vollem Rückzuge, den er nur zu maskieren suchte. Die Universität wird das Schreiben, wie die früheren, unbeantwortet gelassen haben, obwohl Winter auch hier eine umgehende Antwort verlangte: *Quidquid modo placuerit, peto pro responsione cum nuncio presente.* Er wollte offenbar nicht verrathen, dass er in Leipzig sei, aber er verrieth es doch, denn das Schreiben ward bereits am Ausstellungstage dem Rector übergeben.

Ehe wir nun ins Auge fassen können, welchen weiteren Verlauf die Zurückweisung der Sache nach Merseburg nahm, haben wir noch einige Zwischenstadien vorzuführen, die der unruhige Querkopf heraufbeschwor, und durch die es ihm noch gelang, viel Staub aufzuwirbeln.

## VI. Wieder vor dem Fehmgericht.

### Mai und Juni 1448.

Denn noch einmal kam nun Nic. Winter auf die westfälischen Gerichte zurück, nachdem die auf das Basler Concil gesetzten Hoffnungen definitiv gescheitert waren und auch die Universität sich auf irgend ein Entgegenkommen nicht eingelassen hatte. Aber er wählte nicht wieder den früheren Freistuhl. Vielleicht war ihm Heinrich van Grossen nicht energisch, nicht übergreifend genug vorgegangen. Er wandte sich jetzt an einen Mann, der sich wegen seiner Übergriffe bereits einen Namen erworben hatte. Das war der Freigraf *Sigmund Manegold* zu Freienhagen, einem Orte im Waldeckschen, südlich von Arolsen.

Der Freistuhl zu Freienhagen gehörte ursprünglich, wie die Lage des Ortes es naturgemäss mit sich brachte, den Grafen von Waldeck, aber wegen der unmittelbaren Nähe der hessischen Grenze fühlte der Landgraf von Hessen das Bedürfniss, bei demselben betheiligt zu sein, was gerechtfertigt erscheinen mochte. So kam im Jahre 1371 ein Vertrag zu Stande, der 1376 dahin genauer bestimmt ward, dass jedes der beiden Länder die Hälfte des Freistuhls erwarb. Die Fürsten bedienten sich fortan desselben Freigrafen, »doch tritt in den Processen die hessische Stuhlherrschaft am stärksten hervor«[1]), denn Hessen bediente sich fast ausschliesslich des Stuhls in Freienhagen, der denn auch geradezu »der Stuhl in dem Lande zu Hessen« genannt ward. Hier richtete seit der Mitte der 40ger Jahre Sigmund Manegold, Bürger in dem benachbarten Niedenstein; sein Genosse auf den übrigen Waldeckschen Freistühlen war Johann Manhof (Monhof) von Wolfhagen, das ebenfalls in der Nähe gelegen ist. Beide Nachbarn steigerten sich, in edlem Wetteifer, wohl gegenseitig in ihren Anmassungen, sie waren bald die gefürchtetsten aller Freigrafen in Deutschland. Gemeinsam wurden sie bereits 1437 von dem Abte des Schottenklosters in Erfurt excommunicirt, Manhof 1443 auch vom Kaiser geächtet. 1437 hatte Manegold den Bischof von Würzburg, Johann II, für »friedlos, eidelos, rechtlos« erklärt, ihn

---

1) Lindner, S. 142.

aus »allen seinen Rechten und Landrechten gesetzt«[1]). Im Jahre
1442/43 citierte er die gesammte Gemeinde Frankfurts a. M. vor
seinen Stuhl nach Freienhagen, liess sich auch durch die Intervention
des Königs Friedrich nicht abhalten, und steckte den Boten der
Stadt Frankfurt ein. Dabei führte er gegen die Person des Königs
die unehrerbietigsten Reden. Ja er hatte sich vermessen zu sagen,
er wolle wohl den König selbst vor sein Gericht citieren[2]). Das
war ein Mann, von dem sich etwas erwarten liess. Ihn rief Nic.
Winter an, und zwar begab er sich nunmehr persönlich an Ort und
Stelle, und erstreckte nunmehr seine Beschwerde auf die gesammte
Processsache, nicht bloss, wie früher, auf Erasmus.

Am 9. Mai 1448 erliess Manegold eine Verwarnung und Auf-
forderung an Erasmus und event. eine Vorladung zum Montag den
1. Juli vor seinen Freistuhl. Zugleich ein Warnungsschreiben an die
Universität. In letzterem wird über Rechtsverweigerung geklagt:
wohl seit 2 Jahren habe Winter vergebens gesucht, zu seinem Rechte
zu kommen; es sei ihm Richter und Gericht verweigert worden.
Wie Winter es verstand, jeder Sache, je nachdem, eine andere Gestalt
zu geben, geht recht daraus hervor, dass plötzlich hier Erasmus als
*uwer mitstudente* vorgeführt und die Universität mit für ihn verant-
wortlich gemacht wird, während früher es in Winter's Interesse
gelegen hatte, ihm jene Eigenschaft ausdrücklich abzusprechen, die
ihm doch damals Niemand mehr zusprach. Joh. Wise und Erasmus
galten nun gleicherweise als Untergebene der Universität. Die ge-
wöhnlichen Drohungen beschlossen beide Briefe. Es lässt sich wohl
glauben, dass Nic. Winter persönlich die Bestellung derselben, wenn
auch nicht bis direct an ihre Adresse übernahm. Wann die Briefe
abgegeben sind, wissen wir nicht. Da Winter auch noch einen
Brief aus Cassel vom 16. Mai mitbrachte (s. u.), so geschah es wohl
erst in der zweiten Hälfte des Monats.

In dieser neuen Verlegenheit, einem so gefährlichen und so un-
heimlichen Gegner gegenüber, für den die »heimlichen« westfälischen
Gerichte damals mit Recht galten, beschloss die Universität, die Hülfe

---

1) Aber freilich nicht, wie man wohl angegeben findet, »aus der Gemein-
schaft der Christen« ausgestossen. Auch bei LINDNER, S. 599.

2) v. WÄCHTER, S. 243.

ihres Landesfürsten anzuflehen. Der Ordinarius der Juristenfacultät ward mit Abfassung des Briefes beauftragt, der bald darauf abgegangen sein muss, da die Angelegenheit sich fortan schnell abspielte. Leider ist uns das Schreiben nicht erhalten: in der Handschrift ist an der betreffenden Stelle fast eine Seite frei gelassen. Diese für den Fürsten bestimmte Orientierung würde uns vielleicht noch Einiges klarer durchschauen lassen, als es uns gegenwärtig vorliegt.

Der Kurfürst Friedrich hat sich nun wirklich alsbald an den Landgrafen Ludwig von Hessen mit der Bitte gewandt, seinen Freigrafen zu bestimmen, von der Weiterführung der Angelegenheit abzusehen: er selber werde sie in Untersuchung ziehen lassen. Am 21. Juni 1448 richtete Manegold ein Schreiben an den Kurfürsten, in welchem er ihm mittheilte, dass er den Willen seines Herrn von Hessen auszuführen gewillt sei, aber um freies Geleit und Sicherheit für den Kläger bitte.

Damit war auch diese zweite Episode vor dem Fehmgerichte zu Ende, und alle auf den gewaltthätigen Freigrafen gesetzten Hoffnungen zu Schanden gemacht.

## VII. Vor dem kurfürstlichen Hofgerichte.
### Vom Juli bis December 1448.

Als Nic. Winter die Warnungsschreiben und die Vorladung des Freigrafen Manegold nach Leipzig überbrachte, führte er auch noch ein drittes Schreiben mit sich, das der betriebsame Mann sich zu verschaffen gewusst hatte, eine Verwendung des Landgrafen von Hessen für ihn bei der Universität. Dass er zu dieser als Corporation wieder in gute Beziehungen zu kommen suchte, haben wir ja bereits gesehen. Das Schreiben war vom 16. Mai und von den zur Zeit in Cassel anwesenden Räthen des Landgrafen gezeichnet. Ohne Gewicht war ein solches Schreiben natürlich nicht. Aber auch beim besten Willen, dem Landgrafen willfährig zu sein, vermochte die Universität in der Sache Nichts zu thun. Wir erfahren denn auch Nichts von Schritten, die durch dasselbe veranlasst worden wären.

Winter begab sich dann zurück nach Cassel, wo es ihm offenbar gelungen sein musste, Verbindungen zu hochgestellten Personen

zu gewinnen, da er selbst persönlichen Zutritt zum Landgrafen zu
erlangen gewusst hat. Als nun im Laufe des Juni die auf das Fehm-
gericht gesetzten Hoffnungen sich wieder zerschlugen, als der auf
den 1. Juli vor dem Freistuhl angesetzte Termin gar nicht abgehalten
ward, und er erfuhr, dass die Untersuchung bei dem kurfürstlichen
Hofgerichte anhängig gemacht werden solle, da richtete er sofort
unter dem 2. Juli 1448 ein Gesuch an den Kurfürsten von Sachsen,
in welchem er seine Beschwerden abermals zu formulieren suchte.
Man kann nicht sagen, dass es ihm diesmal besser geglückt sei als
früher. Er schimpft wieder den Erasmus einen Pfaffensohn, und tritt
wieder mit der alten, völlig aus der Luft gegriffenen Behauptung auf,
Erasmus werde von der Universität unerlaubterweise als ihr »Student«
in Schutz genommen, wovon doch nie die Rede gewesen war. Wenn
nun auch er zum Schlusse um sicher Geleite bittet, so ist der
Grund dazu wieder nicht recht abzusehen. Gefährdet war seine
Freiheit und sein Leben nicht, obwohl er damals bereits excommuni-
ciert gewesen sein mag.

Dies Schreiben an den Kurfürsten ward begleitet von einem
Briefe des Landgrafen an den Kurfürsten, in welchem er nun auch
diesem gegenüber sich seines Schützlings annahm. Man sieht wieder,
wie unklar und verlogen Winter seine Sache dargestellt hatte, denn
geradezu erlogen war es, wenn er behauptet hatte, er habe vor dem
geistlichen Gerichte den Process gegen Erasmus gewonnen. Er hatte
sich auch überrascht gestellt, dass der vom Freigericht auf den
1. Juli dem Erasmus angesetzte Termin nicht abgehalten sei, da doch
nur der Process gegen die Universität niedergeschlagen sei. Das war
schwerlich ehrlich gemeint, obwohl er mit seinem Schritte bis nach
dem 1. Juli gewartet hatte; denn das Schreiben an den Kurfürsten
erwähnt von alledem Nichts. Es ging einmal bei ihm bunt durch-
einander, rabulistisch, wie es ihm der Augenblick eingab.

Nun begann der Process vor dem kurfürstlichen Hofgerichte,
und damit treten wir abermals ein in ein ganz neues Verfahren, in
das nach deutschem Recht.

Am 13. Juli bestimmte der Kurfürst in einem Schreiben aus
Rochlitz an die Universität, unter Uebersendung der Schreiben
Winter's und des Landgrafen, einen Termin auf Dienstag den
27. August. Der Ort war nicht genannt, da das Hofgericht damals

dem Fürsten folgte, und der Aufenthalt dieses auf so lange nicht voraus bestimmt werden konnte.

Zu diesem Termin vor dem Hofgerichte ward nun abermals seitens der Universität, diesmal in deutscher Sprache, eine Darlegung des Sachverhaltes in Form eines offenen Briefes ausgefertigt und am 25. August gerichtlich documentiert von dem damaligen Rector Joh. Marporg, auf Mittheilungen des Joh. Wise hin. Uebrigens blieb die Universität diesmal ganz aus dem Spiele, es handelte sich fortan wieder nur um Erasmus als Beklagten.

Auf jenem Termin, der in Altenburg abgehalten ward, dessen Protokoll uns aber fehlt, wird nun dem Nic. Winter aufgegeben sein, seine Klage zu Papier zu bringen und schriftlich einzureichen. Das Datum, wann dies geschehen, ist uns nicht erhalten. Das Schriftstück zeigt uns wieder den bekannten Rabulisten. Er windet sich besonders in seiner »Vorrede« hin und her, und wieder recht ungeschickt: Joh. Wise habe ihm eine Strafe von 2 Gulden auferlegt, weil er sich auf eine gerichtliche Antwort nicht habe einlassen wollen: wir wissen, dass sie ihm für Würfelspiel und zweimaliges Abreissen der Mandate des Rectors traf. Ferner will er vor dem Schlussurtheil auf die Privilegien der Universität verzichtet haben, sodass fortan der Rector nicht mehr sein Richter gewesen sei, ein Gesichtspunct, der bisher von ihm noch nie geltend gemacht war, aber auch augenscheinlich gegen alle juristischen Normen verstösst, zumal dieser Austritt aus der Studentenschaft doch erst nach gefälltem erstem Urtheil erfolgt wäre. Ein ärgerlicher Zwischenfall trat hier allerdings ein: das Original der Recognition des Joh. Wise vom Ende August 1443, das Friedr. Radeloff ausgefertigt hatte, war verlegt. Wir haben noch darauf zurückzukommen. Erasmus meinte, es liege in Merseburg im Gewahrsam des Domdechanten von Werder, aber es war dort nicht aufzufinden und wahrscheinlich war es entweder mit nach Basel gewandert und nicht von dort zurückgekommen oder mit Fr. Radeloff's Appellation an den Papst Nicolaus V. nach Rom gegangen. Darauf pochte nun Winter, und meinte gewonnen Spiel zu haben. Mit entsetzlicher Breite in unverständlichem Deutsch knetete er diesen Gedanken breit. Natürlich spielte das »falsche« Instrument wieder eine grosse Rolle. Gegen dieses richtete er seine erste Anklage, die mit den ehrenrührigsten Äusserungen gegen Erasmus gespickt war. Zugleich trat er plötzlich

mit einer zweiten, ganz neuen Anklage gegen diesen auf, von der
bisher noch niemals etwas verlautet hatte. Erasmus habe ihn bei
den Verhandlungen vor dem Leipziger Stadtrath nach der ersten
Vorladung vors Fehmgericht, also wohl Ende 1445, in Leibes-
und Lebensgefahr gebracht, sei mit Lügen und Betrug ihm ent-
gegengetreten. Dies alles aber in ganz allgemeinen Behauptungen,
ohne Einzelnes anzuführen, ja ohne nur die Zeit zu nennen, so dass
in der That der Angeklagte volles Recht hatte, jede Antwort hierauf
abzulehnen.

Am 3. December reichte Erasmus Rogke seine schriftliche Ant-
wort auf die Klage des Nic. Winter beim Hofgerichte ein. Auch er
sandte eine »Vorrede« voran, ging dann auf die Klagpuncte ein.
Seine Darstellung ist der Sachlage entsprechend, einfach und klar.
Und nun zeigte sich auch die moralische Macht des deutschen Anklage-
verfahrens. Erasmus verlangte von Winter vor allem Weiteren, deutschem
Rechte gemäss, *eyne rechte were*. Damit war eigentlich der wunde
Punct bei Nic. Winter getroffen. Die zu geben musste ihm, dem
querköpfigen Querulanten, der nur ins Blaue hinein anschuldigte und
gewissenlos in Verwirrung zu setzen suchte, schwer werden, wenn
man von ihm auch annehmen durfte, dass er sich werde zu helfen
wissen.

## VIII. Episode vor dem Bischof in Merseburg.
### September 1448.

Nic. Winter, der keine Gelegenheit vorüberliess, um Schwierig-
keiten zu erheben oder wenigstens Verschleppung zu veranlassen,
benutzte den Umstand, dass das Instrument des Dr. Radeloff sich in
der Sitzung des Hofgerichts am 27. August 1448 in Altenburg als
verlegt erwiesen hatte, um dem Erasmus abermals etwas am Zeuge
zu flicken.

Er erhob alsbald beim Bischof von Merseburg eine Klage gegen
Erasmus, deren Formulierung uns nicht bekannt ist, die aber ganz be-
sonders auf jenes Instrument gemünzt war. Auffallend ist hierbei, dass
seiner Excommunication gar keine Erwähnung geschieht. Dass sie er-
folgt war, ist nicht zu bezweifeln, wenn auch erst im Frühling 1448 (s. o.
S. 16). Dass sie zurückgenommen sei, ist unglaublich, da doch erst

das Object der Anklage aus dem Wege hätte geräumt werden müssen. Und nun wird Nic. Winter in dem Edict des Bischofs gar *honorabilis* genannt. Am 13. September erliess der Bischof *Johannes*, und zwar diesmal er persönlich, nicht der Vorsitzende seines Gerichtes, der Domdechant Joh. v. Werder, eine öffentliche Vorladung an Erasmus, sich am Freitag den 20. September in seinem Hofe, also nicht an Gerichtsstätte, zu stellen. Erasmus muss den Termin unbeachtet gelassen haben, denn bereits an demselben Tage erliess der Bischof, wieder persönlich, eine öffentliche Vorladung an Erasmus, binnen 14 Tagen das in Rede stehende Originalinstrument dem Bischof vorzulegen, sonst werde der Bischof auf das strengste gegen ihn vorgehen und ihn excommunicieren. Dies ganze Vorgehen, angesichts der früheren Vorgänge, ist voller Räthsel.

Dem konnte Erasmus, wie wir wissen, nicht entsprechen. Er wandte sich also an die Universität um ein Ersatzdocument für das verloren gegangene Original, und er erhielt ein entsprechendes Schriftstück, wahrscheinlich bald darauf, also wohl bereits Ende September.

Was weiter damit und mit Winter und Erasmus in Merseburg vor sich gegangen ist, entzieht sich unserer Kenntniss.

## IX. Directiv-Urtheil des kurfürstlichen Hofgerichts.

### Juli 1449.

Am Freitag den 4. Juli 1449 erfolgte endlich in Rochlitz das Urtheil des Hofgerichtes, musterhaft durch seine Kürze und Klarheit. Es liess die sog. »Vorrede« des Klägers Winter sowie des Beklagten Erasmus ausser Frage und entschied auf die einzelnen Puncte:

1) Nic. Winter habe vor allem Weiteren dem Erasmus Were zu geloben und zu leisten mit Hand und mit Mund, solle die verbürgen oder verpfänden oder auf die Heiligen beschwören.

2) das Gericht ging aber auch gleich, für den Fall, dass Winter die Were gelobe, in die Sache selbst ein, und entschied:

a) wenn Erasmus durch Zeugniss oder Briefe des Rectors und des Domdechanten in Merseburg die Wahrheit des von ihm angegebenen Processganges und Urtheils gegen Winter zu beweisen vermöge, so sei er von der gegen ihn gerichteten Klage Winter's freizusprechen.

b) zugleich habe er dadurch ein Recht gegen Nic. Winter wegen der Anklage desselben auf »Falschheit«, und dieser sei ihm darum seiner Busse, doch nicht mehr, verfallen.

c) auf die Anklagen über das Verhalten des Erasmus vor dem Stadtrath zu Leipzig habe Erasmus, bei der völligen Unbestimmtheit derselben, nicht nöthig zu antworten.

—

Vielleicht hängt es mit diesem erfreulichen Ausgange des Processes zusammen, wenn am 26. August 1449 Erasmus und seine Gattin ihre häuslichen Verhältnisse ordneten und sich gegenseitig zu Erben einsetzten. Diese Verabredung ist protokolliert in dem Leipziger Schöffenbuch, das von 1420 bis 1478 reicht, und lautet unter dem Jahre 1449:

*Am dinstage nach Bartholomei.*

. . . . .

*Erasmus Rock vnd Dorothea syne eliche husfrawe haben sich vergift mit alle deme gute, das sie haben adir ymmer gewjnnen, welchs ehir vnder jn abegehit todishalben, das denne das an lebin blibet sal die guter gancz vnd gar behalden, vßgenommen drissig rynische gulden, die mag das do krang wert in synen sichbette zcu gotishusern bescheiden adir synen erben adir weme is wil nach synen willen; daran sal das gesunde den krancken nicht hindern.*

## X. Vor dem Schöppenstuhl zu Leipzig.

### 1449/50.

Das Urtheil des Hofgerichtes vom 4. Juli 1449 war kein definitives, es gab nur die nöthigen Directiven. Noch waren zwei Positionen zu erledigen. Einmal war von Nic. Winter Were zu geloben, und dann, falls dies geschah, von Erasmus der Nachweis zu erbringen in Betreff der früher in Leipzig und Merseburg gefällten Urtheile. Mit der Durchführung dieser Acte betraute der Kurfürst den Stadtrath in Leipzig, d. h. den Schöppenstuhl daselbst.

Die Were hat Nic. Winter offenbar geleistet. Leider fehlen die betreffenden Acten und wir wissen daher nicht, ob er selber den Eid leistete, oder ob er Bürgen gefunden hat, oder ob er gar ein Pfand zu stellen im Stande war. Andererseits brachte alsdann

Erasmus die in Leipzig 1443 und in Merseburg 1446 ergangenen Urtheile
zur Stelle, statt des Originals des ersteren wahrscheinlich die im
Herbste 1448 von der Universität ausgestellte Information. Nic. Winter
aber erbat sich eine Rechtsbelehrung von den Schöppen, indem er
seinerseits das Verlangen stellte, worauf der Richter des Basler Concils
seinerzeit eingegangen war, dass nunmehr alle die in dem Instrument
des Rectors von 1445 genannten Personen sammt dem dasselbe aus-
stellenden Notar zum Eide herangezogen werden müssten. Dies alles
geschah im Winter 1449.

Eine Antwort ist ihm hierauf seitens der Schöppen nicht ge-
worden. Seine Eingabe ist, wie wir ersehen, von den Schöppen
ihrem Berichte über die von ihnen im Auftrage des Fürsten vorge-
nommenen Handlungen eingelegt und so zur Cognition der fürstlichen
Räthe gebracht worden. Leider besitzen wir auch dies Schreiben nicht.

## XI. Definitives Urtheil des Hofgerichts.

### Mai 1450.

Die Räthe des kurfürstlichen Hofgerichtes sahen sich nunmehr
als ausreichend orientiert und die Sache als spruchreif an. Das in
Form einer Bitte um Rechtsbelehrung gestellte Verlangen Winter's, die
in den Rectorats-Instrumenten genannten Personen zum Eide heran-
zuziehen, verwarf das Gericht und erklärte durch Urtheil vom 13. Mai
1450 den von Erasmus erbrachten Beweis für ausreichend.

So war also Winter definitiv zurückgewiesen. Dennoch scheint
unseren Acten das Schlussverfahren zu fehlen, denn von einer Exe-
cution des Urtheils erfahren wir Nichts. Wer hatte nun Winter zur
Leistung des ihm Auferlegten anzuhalten? hat er seine Schuld an
Erasmus, hat er die über ihn verfügte Strafsumme an den Rector,
hat er die in Merseburg aufgelaufenen Kosten bezahlt? Leider be-
richten uns die auf uns gekommenen Niederschriften Nichts darüber.
Nur ein Actenstück besitzen wir, das uns vermuthen lässt, dass die
Angelegenheit jetzt abermals zurückging an das bischöfliche Gericht
in Merseburg, das schon 1446 ein definitives Urtheil gesprochen hatte.
Darauf haben wir noch einen Blick zu werfen.

## XII. Schlussverfahren
## vor dem bischöflichen Gericht in Merseburg ?

Februar 1454.

Dass ein solches wirklich sattgefunden haben muss, ergiebt sich aus dem in den Documenten abgedruckten Eingange eines Actenstückes, wonach am Dienstag den 9. Februar 1454 der Procurator des Erasmus, der uns bereits bekannte Nic. Worczin, vor dem Merseburger Official in Gegenwart zweier Zeugen *praesentes literas* producierte. Nach der Stelle, die diese Notiz in der Handschrift einnimmt, möchte man vermuthen, das Vorgelegte sei das Urtheil des Hofgerichts vom 13. Mai 1450 gewesen, aber die Worte, mit denen sein Inhalt angedeutet wird, unterstützen diese Annahme nicht eben. Leider fehlt alles Weitere.

– – –

### Schluss.

Die vorstehende Darstellung hat ihren Zweck erreicht, wenn aus ihr anschaulich zu Tage getreten ist, in welcher Verwirrung und Unsicherheit sich die Rechtsverhältnisse Deutschlands um die Mitte des 15. Jahrhunderts befanden, sodass eine einfache und geringfügige Processsache wohl an die 8 Jahre, und vielleicht länger (denn der Schluss des Processes entzieht sich ja unserer Kenntniss) gebrauchte, um dem Verletzten sein Recht werden zu lassen, und während dessen Universität und Stadt, Bischof und Fürst in Athem erhielt. Man sieht, von Oben, vom Mittelpunkte der weltlichen und geistlichen Herrschaft, konnte damals eine Besserung nicht erhofft werden, es musste Aufgabe der Territorialherrschaften sein, zunächst auf ihren Gebieten einfachere Verhältnisse und grössere Rechtssicherheit zu schaffen, und dass sie dies zur rechten Zeit richtig erkannt, dieses Ziel erstrebt und in der Hauptsache auch erreicht haben, das ist ein nicht hoch genug zu schätzender Segen für unser deutsches Vaterland geworden.

Bei uns in Sachsen beginnen die Versuche, die Unterthanen vor verwirrenden und in ihrem Verlauf unerträglichen Rechtsplackereien

von auswärts zu schützen, um dieselbe Zeit während unser Process
spielt, und es erscheint recht glaublich, dass eben dieser den letzten
Anstoss gegeben hat, diese Angelegenheit energisch zu betreiben.
Zwar wenn Herzog Wilhelm III, bald nach der definitiven Theilung
der sächsischen Lande durch den Hallenser Machtspruch vom 10. De-
cember 1445, durch die Weissenseer Landes-Ordnung vom 9. Januar
1446[1]) ausdrücklich allen seinen Unterthanen (ihm war Thüringen
zugefallen) bei den härtesten Strafen verbot, ausser etwa bei geist-
lichen Lehen, sich an ausländische Gerichte zu wenden und einen
Mitunterthanen vor solche zu ziehen, so können wir wohl nicht be-
haupten, dass die im Herbst 1445 vorgekommene Vorladung des
Erasmus vor das westfälische Gericht speciell darauf von Einfluss
gewesen sei, obwohl sie gewiss Mancherlei im Gefolge gehabt hat,
vielleicht auch bei ihr die Fürsten bereits interveniert haben, da die
Ladung offenbar nicht executiert worden ist; aber jene Landes-
Ordnung erwähnt der westfälischen Gerichte nicht ausdrücklich.
Anders steht es mit den Schritten, die Wilhelm's Bruder, Kurfürst
Friedrich der Sanftmüthige, dem der östliche Theil der sächsischen
Lande zugefallen war, im folgenden Jahr bei dem römischen König
versuchte. Es handelte sich um das Aufgeben der kurfürstlichen
Neutralität dem Concil gegenüber. König Friedrich III hatte sich
ihr von Anfang an fern gehalten, im Laufe des Jahres 1446 traten
Mainz und Brandenburg auf seine Seite, der Fürstentag in Aschaffen-
burg im Juli 1447 vermehrte die Zahl der Übertretenden noch be-
trächtlich. Am längsten hielt sich Sachsen zurück, an dessen Ge-
winnung nun dem König besonders gelegen sein musste. Es war
dies also eine günstige Position, um von ihm und durch ihn von der
Curie Zugeständnisse zu erhalten. Diese Gelegenheit benutzte der
Kurfürst. An St. Oswald Abend, also Freitag den 4. August 1447,
wurden in Altenburg die Instructionen für die an den König abzu-
fertigenden Gesandten, den Meissner Dechanten Caspar von Schön-
berg und Matthes Lazan, gen. Slick, festgestellt. Unter den von
ihnen durchzusetzenden Forderungen sind die folgenden beiden die
wichtigsten[2]):

1) Vgl. FR. RrnOLPHI's sog. Gotha diplomatica, V (1716), S. 223 fg.
2) Dresden, Hauptstaatsarchiv, Wittenberger Gesammtarchiv, Religionssachen A.

1) in Betreff der geistlichen Gerichtsbarkeit. *Item Bullen zu behalden* (erhalten, erlangen), *daz dheiner unsers Herren von Sachsen geistlich oder werntlich vndersasse an ander gerichte geczogen werde danne fur den Bischoff, in des Bistum er gesessen ist, nach Innhalt der bullen vormals daruber gegeben, vnd daruber Executores zu behalden.* Auf Letzteres kam es wohl hauptsächlich an, denn das Pergament an sich gewährte nicht allzuviel Sicherheit. Eine mit diesem Wortlaut übereinstimmende Bulle ist nun freilich aus früherer Zeit nicht bekannt. Ich glaube daher, dass mit dieser Hinweisung jenes schon oben besprochene Decret des Basler Concils vom 25. Januar 1438 gemeint ist, das am 26. März 1439 in die zwischen Albrecht II und dem Basler Concil verabredeten Concordaten, die von Koch s. g. pragmatische Sanction, als Tit. XXVI, § 2 aufgenommen ward, und das sammt den übrigen am 5. Februar 1447 durch Eugen IV. bestätigt worden war[1]).

2) in Betreff des westfälischen Gerichts. *Item vnsers Herren von Sachsen vndersassen mit notdurfftigen Briefen zu frien, das sie fur das heimliche gerichte nicht geczogen werden.*

Machen wir uns klar, dass in unserer Sache damals gerade, ausser der gewiss noch unvergessenen Fehmgerichtsladung von 1445, bereits die zweite Ladung auf Veranlassung des Basler Concils, und zwar diesmal direct nach Basel, eingelaufen war (sie war ja publiciert in Leipzig am 30. Juli 1447), so können wir wohl annehmen, dass gerade die Vorgänge unseres Processes, der ja so allgemeines Aufsehen erregte, es gewesen sind, unter deren frischem Eindruck jene Instruction am 4. Aug. ausgefertigt ward. Der König kam denn auch den geäusserten Wünschen, oder richtiger, gestellten Bedingungen, bereitwillig entgegen. Bereits am 5. September 1447 erfolgte ein königlicher Erlass an den Erzbischof von Magdeburg und den Landgrafen Ludwig von Hessen, die Vorladung sächsischer Unterthanen durch

---

III. 302 fg. Kenntniss dieser Acten verdanke ich Herrn Prof. WILH. PÜCKERT. Vgl. auch dessen »Neutralität« S. 313.

1) Der Inhalt stimmt ja nicht wörtlich, aber doch der Sache nach. Wenn es heisst: *quod in partibus, ultra quatuor dictas a Romana curia distantibus, omnes querunque cause . . . apud illos judices in partibus, qui de jure cognicionem habent, terminentur et finiantur,* so stimmt das in der Sache mit der obigen Forderung, die den Räthen aufgegeben ward.

die westfälischen Gerichte zu verhindern[1]). Der Name des Land-
grafen kann uns nicht verwundern, da er einer der mächtigsten Lehns-
herren über verschiedene Freistühle war; auffallender ist die Herbei-
ziehung des Magdeburger Erzbischofs; vielleicht erfolgte sie, weil er
der Metropolit der damaligen kursächsischen Bisthümer Merseburg
und Naumburg war. Von dem römischen Stuhl war eine neue Bulle
so schnell nicht zu erlangen. Aber zu erfüllen versucht hat der
König auch dies Begehren. Denn in den sogenannten Wiener Con-
cordaten vom 17. Februar 1448 zwischen Nicolaus V. und Friedrich III.
wurden die von Eugen IV. am 5. Februar 1447 genehmigten Decrete
des Basler Concils abermals bestätigt, unter denen sich ja auch die
Bestimmung befand, dass die Streitigkeiten in den Provinzen, mit
Ausnahme bestimmt aufgezählter Fälle, dort vor dem Judex ordinarius
entschieden werden sollten. Und am 19. März 1448[2]) erfolgte hierüber
eine Bulle vom Papste. Damit war auch der erste Theil der Forder-
ungen der Gesandten wirklich erfüllt. Freilich die Bestellung von
Executores wird von der Curie nicht zu erlangen gewesen sein,
wenn wirklich, was noch zu bezweifeln ist, König Friedrich ernstlich
gewillt gewesen sein sollte, sie zu erlangen: er hatte ja von An-
fang an zur Curie gehalten.

Recht charakteristisch für die damaligen Verhältnisse ist es, dass
trotz dieses Erlasses noch ein Jahr darauf gerade ein hessischer
Freigraf einen sächsischen Unterthanen und die ganze Universität vor
sein Forum ziehen konnte. Hätten wir den Brief, den der Kurfürst
in dieser Angelegenheit an den Landgrafen Ludwig geschrieben hat,
so würde er zweifelsohne einen Bezug auf jenen königlichen Erlass
aufweisen.

---

1) Jos. Chmel, Regesta chronologico-diplomatica Friderici IV (imperatoris III),
I (1838), S. XCI des Anhangs.

2) Nicht 1447, wie es in der Bulle heisst. Diese folgte natürlich dem Stil
der päpstlichen Kanzlei, die das neue Jahr erst mit dem 25. März begann.

# B. Documente.

(A = Hs. 176 der Leipziger Universitäts-Bibliothek, B = Hs. 951 ebenda.)

## I. Vor der Universität in Leipzig.

### 1. Nachrichtliche Darstellung des Verlaufs (Protokoll).

A 312[a7] Die undecima mensis Julii anno domini 1443 [*Donnerstag den 11. Juli*] dominus rector in presentia assessorum Nicolao Winter duxit prefigendum prefixitque et assignavit spacium octo dierum pro omnibus dilationibus ad probandum, quod uxor Erasmi dedit ei pannum jopule, super quo contenditur inter eum et dictum Erasmum coram domino rectore.

Termino vero adveniente [*Donnerstag den 18. Juli 1443*] Winter non comparuit neque iuxta recessum ultimum intentionem suam probavit, quare dominus rector in quattuor florenis et quinque grossis et in expensis de pleno concilio universitatis condempnavit, non obstante frivola appellatione per eum ad dictum concilium literatorie interposita. Expensarum quoque taxationem dominus rector in posterum reservavit.

Fredericus Rodolphi[1]) notarius.

Item licet Nicolaus tribus vicibus monitus [esset] in valvis ecclesiarum et collegiorum per edictum, ut predictam summam solveret Erasmo et quod eciam duos florenos solveret universitati pro pena, unum quod taxillavit, medium florenum quod mandatum rectoris deposuit, et iterum medium quod secunda vice deposuit: nichilominus in die sancti Donati anno eodem [*Mittwoch den 7. August 1443*] tota universitas, in quattuor nationibus specialiter congregata[2]), conclusit, quod dominus rector contra Nicolaum Winter tamquam

---

1) Doch wohl identisch mit Friedr. Radeloff, s. u.

2) Wir haben es also im Verlauf des Processes offenbar mit drei verschiedenen Körperschaften von sich steigernder Bedeutung zu thun: *assessores* (wohl = *judiciales*, am 11. Juli, wahrscheinlich 4 an der Zahl (vgl. Stat. von 1412), dann *plenum concilium* (etwa die alten 8 consiliarii von 1410? am 18. Juli, und *tota universitas*, in quattuor nationibus specialiter congregata, am 7. August.

contra rebellem et contumacem deberet procedere juxta formam statutorum universitatis, sic tamen quod adhuc semel ex superhabundanti moneretur in valvis ecclesiarum. Quod et factum fuit. Eo autem sic in sua rebellione et contumacia persistente, dominus rector, habito specialiter concilio juris peritorum, exclusit NICOLAUM WINTER per edictum vicesima quinta mensis Augusti [*Sonntag den 25. August 1445*] propter non solutionem judicati, ut lacius in quodam instrumento recognitionis sententie continetur et super exclusione.

2. *Leipzig, 1445, 11/18. Juli.*

*Nic. Winter appelliert an die Consiliarii.*

[A 314ᵃ] Appellatio a rectore et judicialibus ad consiliarios.

Den ersamen wyefsen meistern der vniuersitete zu Lipczk kome disser brifl.

Mynen vndertenigen dinst zeuvor. Ersamen wiefsen liben meister, zo ich mich beruffen habe vmb vngutlichkeit vnd kortze, alzo ich meyne vnd bericht bin, die mir geschen vnd wedderfaren ist von er JOHAN WISSEN, itzunt rector: So mich ERASMUS vor dem rector beclaget vnd met sinen schulden begriffen had, ich solle sime wyebe vor etlichen jaren 3 ellen vorstad vnd 2 ellen parcham abe gekoufft han vor eyn nemeliche summe geldis etc., habe ich czu der schult geantwert, was ERASMUS gewyfsen[1] konde, daz ich om schuldigit were: do wolde ich em wol ufsrichtunge thūn. Do meynthe der rector, ich hette nicht vol antwort, ich musste neyn ader ja czo der schult sagen. Da ich no neyn czu gesprachen habe, alzo noch des rectoris geheifse vnd sicherunge, ERASMUS muste irwyfsen, daz ich den vorstad gekouft hette vnd nicht bezalt etc. No hat ERASMUS dy schult vorandert vnd nicht sinen vorygen clagen nachgevolget vnd ander fabel vorbracht had[2]), das em der rector vnd syne assessores czo gegeben vnd obir mich verhangen haben, vnd irczuget had, do ich doch nye zo geantwort habe, do mithe der genante ERASMUS meynt dy erste schult zeu demppen etc.: Bethe ich uch, ersamen wyefsin lieben meister, durch recht zu erkennen, ob mir recht geschehen sy uff schult vnd antwrt, so mir die vngerechtigkeid hartte ist zu dulden, daz ich dach hoffe, der rector bekenne mir der schult. Vnd antwrt uwer beschriben antwrt. Gegeben vnder myme ingesigel.

NICOLAUS WINTER von Lipczk 2c.

---

1) d. i. beweisen.

2) Es ist nicht klar, worin die Veränderung der Klage bestanden hat, die WINTER hier behauptet.

3. *Leipzig, den 25. August 1443.*
*Edict, Nic. Winter's Exclusion verkündend.*

[A 312ª, B 248ª] Copia exclusionis.

Nos, Johannes Wyse, artium magister sacreque theologie baccalarius formatus, rector alme universitatis studii Lipczensis: Quia Nicolaum Winter, artium baccalarium, nostre universitatis suppositum, propter rebellionem, excessus et crimina, nec non ad instantiam Erasmi Kramer propter debitum ad nos nostrosque assessores citari et requiri fecimus ipsumque iuxta statuta nostre universitatis judicialiter mulctavimus et dicto Erasmo Kramer in dicto debito cum condempnavimus, deinde propter non solucionem dictorum mulcte et debiti publice in valvis ecclesiarum et collegiorum admonuimus nec non et peremptorie juxta statutorum universitatis nostre tenorem exsuperhabundanti requisivimus, ut infra sex dies adhuc dictam mulctam fisco nostre universitatis et debitum Erasmo Kramer persolueret cum effectu, alioquin absque ulteriori prorogatione ad ipsius exclusionem procederemus, que omnia et singula in sua contumacia et rebellione ac inobedientia induratus minime curavit nec non hodie non curat, Jdeoque prefatum Nicolaum Winter, arcium baccalarium, sic rebellem et contumacem, de unanimi consensu et sentencia tocius universitatis, ad hoc conuocate et congregate, a nostra universitate tamquam membrum putridum excludimus et rescindimus per presentes, mandantes nichilominus omnibus magistris doctoribus singulisque nostre universitatis suppositis, ne cum predicto Nicolao Winter quomodolibet conuersentur tam in actibus scolasticis publicis quam privatis.

Datum anno etc. XLXIIIº, die vero vicesima quinta mensis Augusti [*Sonntag, den 25. August 1443*] rectoratus sub sigillo presentibus subimpresso. — Presentia nullus sub pena unius floreni deponat.

4. *Leipzig, 1443, undatiert, in Merseburg am 6. September präsentiert.*
*Offener Brief, die Verurtheilung und Exclusion Nic. Winter's betr.*

[A 312ª, 74ª. B 238ᵇ] Copia instrumenti recognitionis
sentencie diffinitive [1]).

Johannes Wyse, artium magister sacreque theologie baccalarius formatus, rector alme universitatis studii Lipczensis Merseburgensis diocesis, judex ordinarius venerabilium virorum dominorum magistrorum doctorum et scholarium alme universitatis studii Lipczensis antedicti, Universis et singulis, quorumcunque statuum, preeminenciarum ae condicionum fuerint, ad quos manauerit presens scriptum, post recommendacionem debitam Salutem et omne bonum.

---

1) Zu Grunde liegt in Orthographie und Nebensächlichem A 312ª fg. Übrigens sind Fehler und Auslassungen aus den beiden andern Überlieferungen verbessert. Zuerst gedruckt bei Stübel, Urkundenbuch der Universität Leipzig S. 17 fg.

Noveritis, quod lite et causa coram nobis inter honestam dominam Doro-
theam, uxorem prouidi Erasmi Kramer, opidani opidi Lipczk dicte Mersebur-
gensis diocesis, actricem et principalem ex una, et quendam Nicolaum
Winter, clericum dicte Merseburgensis diocesis, quondam nostre universitatis
membrum, reum defendentem[1] et ex adverso principalem, de et super
nonnullis pecuniarum summis inferius latius expressis ac earum occasione
partibus ex altera, per citacionem rite et legitime introductis, Nos, postquam
dictus Erasmus Kramer nomine Dorothee, uxoris sue antedicte, vive vocis
oraculo contra dictum Nicolaum Winter proposuisset, quomodo dicte uxori
sue Dorothee, actrici principali, in una sexagena bonorum grossorum et
viginti quinque bonis grossis[2] pro tribus ulnis panni, verſtat, et duabus
ulnis, parᶜham vulgariter nuncupatis, ratione vendicionis esset obligatus, et
Nicolaus Winter reus ad dictam impeticionem taliter videlicet respondisset,
qualiter dictum pannum, verſtat et parᶜham nuncupatum vulgariter, non
emisset, sed dicta domina Dorothea actrix eum sibi gratis dedisset, et idem
Nicolaus Winter reus peremptorium terminum competentem ad probandum
dictam donacionem, sibi, ut asseruit et premittitur, a dicta domina Dorothea
actrice factam, obtinuisset et, huiusmodi statuto adveniente termino, ad
pretactos actum et causam facientis[3] nichil probasset nec causam impedi-
menti assignasset,      Dictum Nicolaum Winter reum, iuxta nostre univer-
sitatis statuta procedendo, in dictis sexagena et vigintiquinque bonis grossis
teneri et obligari dicte domine Dorothee, uxori dicti Erasmi Kramer, actrici,
declaravimus et pronunciavimus, ipsumque in eisdem sexagena et viginti-
quinque grossis nec non expensis, occasione huiusmodi litis factis, condemp-
navimus eundemque Nicolaum Winter reum ad parendum dicte nostre
sentencie diffinitive et ad solvendum dictam sexagenam et vigintiquinque
grossos in valuis ecclesiarum et collegiorum nostre universitatis peremptorie
requisivimus, nec non propter non solucionem judicati de unanimi consensu
et sententia tocius universitatis nostre, ad hoc convocate et congregate, a
dicta nostra universitate tamquam incorrigibilem et membrum putridum re-
scidimus et exclusimus, ac rescindimus et excludimus per presentes. Ne
igitur dictus Nicolaus Winter incorrigibilis in profundum malorum veniat et
dicta domina Dorothea actrix diucius possit suis pecuniis defraudari, cum
universitas nostra non habeat ultra, quid faciat, omnia et singula premissa
vobis omnibus et singulis predictis et vestrum cuilibet in solidum intimamus,
insinuamus et notificamus per presentes, affectuose supplicantes, quatinus
justitie ob respectum et nostrarum precum instanciam velitis et placeat, dic-
tum Nicolaum Winter reum ad parendum dicte nostre sentencie diffinitive
et solvendum judicatum antedictum, censura ecclesiastica, qua conuenit,
mediante, compellere, debite requisiti: pro quo ultra premium, justiciam
ministrantibus reservatum, ad quevis beneplacita nos adstringimus.  In

---

1) Die Endung ist nicht sicher gestellt, etwa *defendendum?*
2) 4 Flor. 5 gr. (s. o.) = 1 Sexag. 25 gr. boni; also 1 Flor. = 20 gr.
3) Die Worte *causam* und *facientis* sind nicht gesichert.

quorum omnium et singulorum premissorum fidem et testimonium presentes nostras[1] literas exinde fieri atque per notarium publicum scribamque huiusmodi cause coram nobis infrascriptum subscribi et publicari mandavimus nostrique rectoratus sigilli jussimus et fecimus appensione communiri. Datum et actum Lipczk anno a nativitate domini M°CCCC°XLIII°, indictione sexta, pontificatu propter certas causas omisso, [fehlt das Datum] hora terciarum uel quasi, in bursa Saxonum dicte alme universitatis studii Lipezensis, presentibus ibidem honorabilibus viris et dominis AUGUSTINO DE KEMPNITZ, sacre theologie professore, PAULO DE HALLIS, decretorum doctore[2], PETRO PIRNER, JOHANNE DE RATISPONA, JOHANNE BUSSBACH, JOHANNE KUMEROW[3], JOHANNE SEMELTRETER, JODOCO HOGENSTEYN, arcium magistris testibus ad premissa[4].

Et ego FREDERICUS RADELOFF, clericus Havelbergensis diocesis, publicus sacra imperiali auctoritate notarius[5], alme universitatis studii Lypezensis et domini rectoris eiusdem causarum causeque presentis scriba, quoniam omnibus et singulis premissis, dum sic ut premittitur fierent et agerentur, una cum prenominatis testibus interfui eaque omnia et singula sic fieri vidi et audivi, Ideoque presens publicum instrumentum propria manu mea scriptum exinde confeci et in hanc publicam formam de dicti domini rectoris mandato michi desuper facto redegi, signoque ac nomine et cognomine meis solitis et conswetis una cum rectoratus dicte alme universitatis studii Lypezensis sigilli appensione consignavi in fidem et testimonium omnium et singulorum premissorum, rogatus et requisitus.

## II. Vor dem Domdechanten in Merseburg.

1. *Merseburg, 1443, den 28. August.*
*Citation des Nic. Winter vor den Dechanten in Merseburg zum 6. September.*

[B 238ª] In nomine domini Amen. A nativitate domini M°CCCC° quadragesimo tercio, indiccione sexta, die vero Mercurii, vicesima sexta mensis Augusti [26. August 1443] comparuit coram venerabili viro, domino JOHANNE

---

1) *nostras* fehlt A 74ᵇ und B 239ᵇ.

2) Die Namen dieser beiden Doctoren fehlen A 312ᵇ, stehen aber A 74ᵇ und B 239ᵇ.

3) Auch KUNNEHAW, KUNEROW.

4) Fehlt hier: *rogatis et requisitis?* Von den Genannten ward AUGUSTINUS DE KEMPNITZ bereits 1410, PETRUS PIRNER 1420 Magister; PAULUS DE HALLIS vermag ich nicht nachzuweisen, ebenso entzieht sich die Promotion des Joh. [MUMMANN] DE RATISPONA unserer Kenntniss; sie fiel wohl in eins der Jahre, die in der philosophischen Matrikel fehlen. BUSSBACH, SEMELTRETER und HOGENSTEIN wurden Anfang des Jahres 1443 Magister. Joh. KUMEROW mag in Joh. RYPA oder Joh. PRESLAUER stecken, die ebenfalls 1443 promovierten.

5) Das Weitere fehlt A 312ᵇ, steht aber A 74ᵇ und B 239ᵇ.

DE WERDER, decano ecclesie Merseburgensis, providus vir ERASMUS ROGKEN, opidauus opidi Lypczk Merseburgensis diocesis, et sibi citacionem legittimam contra et adversus quendam NICOLAUM WINTER, in artibus baccalarium, in forma solita et conswcta decerni et concedi per dominum decanum prefatum debita cum instancia postulavit. Memoratus tunc dominus decanus dicto ERASMO ROGKEN instanter expetenti citacionem prepetitam decrevit et concessit, eamque per me presentis cause notarium atque scribam exinde fieri suique sigilli appensione communiri voluit atque mandavit, prout et quemadmodum in quadam citacionis papiri cedula, cuius tenor inferius est insertus, plenius continetur et habetur.

[B 238 b] Tenor vero dicte citacionis et execucionis est talis. »JOHANNES DE WERDER, decanus ecclesie Merseburgensis, venerabili viro domino preposito monasterii canonicorum regularium sancti Thome in Lypczk salutem in domino. Vobis damus in mandatis, quatinus ad nostram peremptorie citetis presenciam NICOLAUM WINTER, in artibus bacc., quem et nos presentibus peremptorie sic citamus, ut sexta feria proxima post Egidii [6. September 1443] mane hora terciarum compareat coram nobis Merseburg, querelis providi ERASMI ROGKEN de Lypczk finaliter responsurus rg. lrg. sig. [d. h. reddantur littere sigillate.] Datum anno domini MoCCCCo quadragesimo tercio, quarta feria post festum sancti Bartholomei [28. August 1443], nostro sub sigillo«.

2. *Merseburg 1443, den 6. September.*
*Termin zwischen Nic. Winter und Er. Rogke.*

[B 238 a] Deinde die Veneris sexta mensis Septembris anni predicti millesimi quadringentesimi quadragesimi tercii [6. September 1443] comparuit in judicio coram domino decano judice prefato, eo in ecclesia maiori Merseburgensi mane hora terciarum pro tribunali sedente, prefatus ERASMUS ROGKEN, in hac causa principalis, et citacionem per ipsum dominum decanum antedictum sibi alias decretam nec non eius execucionem facto realiter et in scriptis infrascripti tenoris exhibuit atque produxit, Et in presencia dicti NIC. WINTER, in hac causa [ex adverso] principalis, ibidem presentis et judicialiter comparentis, quod dictus NICOLAUS uxori sue in una sexagena grossorum novorum et viginti quinque grossis pro panno volgariter rerjtat nuncupato et duabus ulnis parchami obligaretur, proposuit, quare dictum NICOLAUM WINTER ad solucionem dicte pecuniarum summe censura ecclesiastica mediante compelli vel ad dicendum causas, si quas haberet racionabiles, quare premissa fieri non debeant, per dominum decanum prefatum debita cum instancia postulavit. Ex adverso vero dictus NICOLAUS WINTER, quod dicto ERASMO ROGKEN aut eius uxori legittime in dicta pecuniarum summa non obligaretur, publice dixit et replicavit.

Deinde dictus ERASMUS, volens docere dictum NICOLAUM WINTER in dicta pecuniarum summa uxori sue esse obligatum, quoddam instrumentum publicum sub nomine venerabilis viri, domini JOHANNIS WYSEN, rectoris alme universitatis studii Lypczensis, scriptum sigilloque rectoratus dicte universitatis sigillatum, manu et signo discreti FREDERICI RADELOFF, clerici Havelbergensis diocesis, publici sacra imperiali auctoritate notarii, ut prima facie apparebat, subscriptum et signatum realiter et inscriptis infrascripti tenoris¹) exhibuit atque dedit. Ex adverso vero Nicolaus Winter sibi predicti instrumenti copiam decerni nec non terminum peremptorium competentem ad dicendum et excipiendum, quidquid verbo vel inscriptis dicere seu excipere voluerit contra dictum instrumentum, prefigi statim et signari per dominum decanum judicem prefatum debita cum instancia postulavit. Memoratus tunc dominus decanus et judex dicto Nicolao Winter, instanti et petenti, octavam diem proxime futuram, [Freitag den 15. September], si juridica fuerit et idem dominus decanus ad jura reddenda pro tribunali sederit, alioquin primam diem juridicam extunc immediate sequentem, qua eundem dominum decanum in ecclesia maiori Merseburgensi mane hora terciarum pro tribunali sedere contigerit, pro termino peremptorio competenti ad dicendum et excipiendum, quidquid verbo vel inscriptis dicere seu excipere voluerit contra predictum instrumentum, prefigendum duxit et assignandum, ac prefixit et assignavit, presentibus ibidem discretis viris Petro de Pirnis et Jacobo Rasoris, testibus ad premissa vocatis specialiter et rogatis.

### 3. Merseburg, eodem.

*Erasmus Rogke ernennt zwei Procuratoren.*

[B 239ᵇ] Deinde eisdem anno indiccione die mense hora et loco, quibus proxime supra, prefatus Erasmus Rogken, in hac causa principalis, omnibus melioribus modo jure causa et forma, quibus melius et efficacius fieri potuit et debuit, fecit constituit creavit et sollempniter ordinavit suos veros certos legitimos et indubitatos procuratores actores factores negociorumque suorum gestores ac nuncios speciales et generales, ita tamen quod specialitas generalitati non deroget nec econtra, videlicet honorabilem virum dominum Johannem Kuwt [Kulbt?], perpetuum vicarium in ecclesia Merseburgensi, nec non discretum Nicolaum Worczin, clericum coniugatum Misnensis diocesis, absentes tamquam presentes, ad prosequendum et pertractandum pro dicto domino constituente et eius nomine causam et causas huiusmodi, tam coram prefato domino judice ordinario quam aliis quibuscunque judicibus, commissariis delegatis et subdelegatis, ordinariis et extraordinariis, datis seu dandis, deputatis seu deputandis, impetratis seu impetrandis, nec non ad agendum et comparendum in causa et causis antedictis dicti constituentis nomine et pro eo, ipsumque dominum constituentem et eius jura in omnibus et per omnia defendendum, libellum seu libellos et quascunque peticiones summarias dandum et recipiendum darique et recipi videndum, de calumpnia vitanda et veritate dicenda cum omnibus et singulis ca[pitu]lis, in et sub calumpnie juramento contentis, jurandum, ponendum et articulandum ponique et articulari videndum, posicionibus et articulis partis adverse respondendum etc. cum potestate substituendi et clausulis ratihabicionis et relevacionis, prout

---

1) Hier nicht wiederholt, da es das oben bereits publicierte Instrument ist, I, 4 (S. 50).

et quemadmodum in quodam publico procuracionis instrumento, per me, presentis cause notarium atque scribam predictum, exinde in notam recepto et aput acta presentis cause inferius registrato, plenius continetur et habetur, Presentibus ibidem discretis viris PETRO DE PIRNIS et JACOBO RASORIS, clericis Misnensis et Brandenburgensis diocesium, testibus ad premissa vocatis et rogatis.

[B 240ᵃ] Tenor vero dicti instrumenti procuracionis sequitur et est talis.

»In nomine domini amen. Anno a nativitate domini M⁰CCCC⁰ quadragesimo tercio indiccione sexta, die vero Veneris, sexta mensis Septembris [6. September 1443] coram venerabili viro, domino JOHANNE DE WERDER, decano ecclesie Merseburgensis, in ecclesia Merseburgensi hora terciarum de mane pro tribunali sedente, serenissimo ac invictissimo principe et domino, domino FREDERICO Romanorum rege feliciter regnante, in mei notarii publici testiumque infrascriptorum, ad hoc specialiter vocatorum et rogatorum, presencia personaliter constitutus providus vir ERASMUS ROGKEN, opidanus opidi Lipczensis, omnibus melioribus modo via jure causa et forma, quibus melius et efficacius fieri potuit et debuit, fecit constituit creavit et sollempniter ordinavit ac deputavit suos veros certos legitimos et indubitatos procuratores actores factores negociorumque suorum gestores et nunccios speciales et generales, ita quod generalitas specialitati non deroget nec econtra, scilicet quod per unum eorum inceptum fuerit alter eorundem prosequi valeat mediare et finire, videlicet honorabilem virum dominum JOHANNEM KUWT [Kulbt?], perpetuum vicarium in ecclesia Merseburgensi, ac providum NICOLAUM WORCZEN, clericum conjugatum Misnensis diocesis, absentes tamquam presentes, et quemlibet eorundem in solidum, ita tamen quod occupantis condicio melior seu pocior non existat, ad prosequendum et pertractandum pro dicto constituente et eius nomine causam et causas, vertentes inter dictum constituentem ex una et quendam NICOLAUM WINTER, in artibus baccalarium, de et super certa pecuniarum summa rebusque aliis, in actis lacius expressis, et eorum occasione partibus ex altera, tam coram prefato domino decano judice ordinario quam aliis quibuscunque judicibus et commissariis delegatis et subdelegatis, ordinariis et extraordinariis, datis seu dandis, deputatis seu deputandis, nec non ad agendum et comparendum in causa et causis antedictis dicti constituentis nomine et pro eo, ipsumque dominum constituentem et eius jura in omnibus et per omnia defendendum, libellum seu libellos et quascunque peticiones summarias dandum et recipiendum darique et recipi videndum, litem seu lites contestandum et contestari videndum, de calumpnia vitanda et veritate dicenda cum singulis suis capitulis, in et sub calumpnie juramento contentis, jurandum et jurari videndum et quodlibet aliud licitum et honestum juramentum in animam ipsius constituentis prestandum et exadverso prestari videndum, ponendum et articulandum ponique et articulari videndum, contra articulos partis adverse dicendum et excipiendum, in quantum articuli, et eisdem, in quantum posiciones et articuli existant et esse censeantur, respondendum et suis responderi petendum, testes literas et instrumenta et quecunque alia probacionum genera producendum et productis ex adverso contradicendum, contra personas testium et eorum dicta et deposiciones excipiendum,

crimina et defectus opponendum, suspectos et suspecta recusandum causamque
suspicionis sollempniter allegandum, commissionem seu remissionem pro
examine testium petendum, declarandum et declarari videndum, contra
declaracionem partis adverse dicendum, absolucionis beneficium simpliciter
vel ad cautelam et restitucionis in integrum impetrandum et obtinendum,
concludendum et renunciandum, concludi et renunciari petendum, huiusmodique
conclusionem, tociens quociens fuerit oportunum, revocandum et revocari
petendum, sentenciam seu sentencias tam interlocutorias quam diffinitivas
ferri petendum et audiendum, et ab eis seu alio quocunque gravamine illato
vel inferendo provocandum et appellandum, apostolos petendum et recipiendum,
insinuandum notificandum et intimandum, causamque seu causas appellacionis
seu appellacionum usque ad finem prosequendum, expensas et interesse
taxandum et taxari petendum, et super eis jurari videndum, unum vel plures
procuratorem seu procuratores loco sui substituendum eumque vel eos
revocandum et onus procuracionis huiusmodi in se reassumendum, tociens
quociens eis et eorum alteri visum fuerit expedire, Et generaliter omnia alia
et singula faciendum dicendum gerendum et exercendum et disponendum,
que in premissis et circa ea necessaria fuerint seu quomodolibet oportuna,
eciam si talia sint que mandatum exigerent magis speciale et que ipsemet
constituens faceret et facere posset, si premissis personaliter interesset.
Promisit nichilominus idem dominus constituens michi, notario publico in-
frascripto, tamquam publice persone, legitime stipulando vice et nomine
omnium et singulorum, quorum interest seu interesse poterit quomodolibet
in futurum, se ratum gratum atque firmum perpetuo habiturum totum id et
quidquid per dictos suos procuratores, aut eorum aliquem, vel substitutos
per eosdem, actum dictum gestum ordinatum concordatumve fuerit in pre-
missis seu quolibet premissorum, relevans et relevare volens dictos suos
procuratores, aut substitutos ab eisdem, ab omni onere satisdandi (?) judi-
cioque sisti et judicatum solvi, sub ypoteca et obligacione omnium bono-
rum suorum, presencium et futurorum, Super quibus omnibus et singulis
idem dominus constituens peciit sibi a me notario publico infrascripto unum
vel plura, tot quot fuerint necessaria, publicum seu publica confici instru-
mentum et instrumenta. Acta sunt hec anno indiccione die mense hora et
loco quibus supra, presentibus ibidem discretis viris Petro de Pixis et Jacobo
Rasonis, clericis Misnensis et Brandenburgensis diocesium, testibus ad premissa
vocatis et rogatis.

Et ego Nicolaus Kreischdorff de Zar, clericus Wratislaviensis diocesis,
publicus sacra imperiali auctoritate notarius, dictique domini Johannis de
Werder, decani ecclesie Merseburgensis, et coram eo in presenti causa scriba,
quia premissis omnibus et singulis, dum sicut premittitur fierent et ageren-
tur, una cum prenominatis testibus presens interfui eaque sic fieri vidi et
audivi, Ideo presens publicum instrumentum, manu mea propria scriptum,
exinde confeci et in hanc publicam formam redegi signoque nomine et
cognomine meis solitis et conswetis consignavi, in fidem et testimonium
omnium et singulorum premissorum, rogatus et requisitus.«

4. *Merseburg, 1445, den 14. September.*
*Nic. Winter reicht seine Gegenschrift (Exception) ein.*

[B 241ᵇ] Die quartadecima mensis Septembris [*14. September 1445*] comparuit in judicio coram domino decano judice prefato, [eo?] in ecclesia majori Merseburgensi mane hora terciarum pro tribunali sedente, NICOLAUS WINTER, in hac causa ex adverso principalis, satisfaciendo termino alias sibi ad dicendum et excipiendum verbo vel in scriptis contra certum instrumentum, alias in hac causa contra ipsum per ERASMUM ROGKEN oblatum, [prefixo]¹) quandam pappiri cedulam, exceptiones in se continentem, facto realiter et inscriptis infrascripti tenoris exhibuit atque dedit, dicens excipiens aliasque faciens, prout et quemadmodum in eadem cedula plenius continetur et habetur, et nichilominus dicte sibi parti in hac causa adverse ulterius ad replicandum et dicendum, quidquid verbo vel in scriptis dicere seu replicare voluerit contra predictam cedulam, certum terminum peremptorium competentem statui prefigi et assignari per dominum decanum, iudicem prefatum, debita cum instancia postulavit. Memoratus tunc dominus decanus, dicto NICOLAO WINTER instante et petente, NICOLAO WORCZEN, in hac causa ex adverso et dicti ERASMI principalis procuratori, ibidem presenti et judicialiter comparenti, octavam diem proxime sequentem [*Sonnabend den 21. September 1445*] si juridica et idem dominus decanus judex ad jura reddendum pro tribunali sederit, alioquin primam diem juridicam expost immediate sequentem, qua eundem dominum decanum in ecclesia majori Merseburgensi pro tribunali sedere contigerit, pro termino peremptorio competente ad dicendum et replicandum, quidquid verbo vel inscriptis dicere seu replicare voluerit, contra prefatam cedulam prefigendum duxit et prefixit.

B 241ᵇ] Tenor vero dicte cedule est talis.

»Venerabilis domine decane. Ex quo adversarius meus intendit fundare intencionem per tenorem instrumenti nuper coram vobis oblati, quod secundum formam juris non est extractum, et si idem ERASMUS dictum instrumentum vellet adhuc extrahere secundum formam juris, tunc, ex quo ipse vult probare per idem intencionem suam, tunc peto, quod singuli interserti in instrumento deponant secundum formam juris, quid et unde ipsis constat obligacio, quam dictus ERASMUS coram vobis proposuit, vel ergo singuli magistri interfuerunt velne, nec non doctores. Quare peto compelli acta acticata ad presentandum sub forma juris.«

5. *Merseburg, 1445, den 23. September.*
*Er. Rogke's Procurator übergiebt die Replik.*

[B 242ᵃ] Die vicesima tercia mensis Septembris [*Montag den 23. September 1445*] comparuit in judicio coram domino decano judice prefato, eo

---

¹) Freilich auch in dem Protokoll vom 23. September fehlt dies oder ein ähnliches Wort, das doch der Zusammenhang zu erfordern scheint.

in ecclesia majori Merseburgensi de mane hora terciarum ad jura reddendum et causas audiendum pro tribunali sedente, providus NICOLAUS, WORCZIN, ERASMI ROGKEN, opidani opidi Lypezensis Merseburgensis diocesis, in hac causa principalis, procurator, nomine quo supra procuratorio, satisfaciendo termino alias sibi partique sue ad replicandum contra quandam cedulam excepcionum, alias per discretum NICOLAUM WINTER, in hac causa exadverso principalem, in judicio oblatam, [prefixo?] [1]) quandam cedulam replicacionum facto realiter et in scriptis infrascripti tenoris exhibuit atque dedit, dicens replicans aliasque faciens, prout in eadem plenius continetur et habetur.

[B 242ᵃ] Tenor vero dicte cedule replicacionum est talis.

»Contra quandam pretensam cedulam, nuper coram vobis, venerabili viro, domino JOHANNE DE WERDER, decano ecclesie Merseburgensis, pro parte cuiusdam NICOLAI WINTER contra validum instrumentum, per ERASMUM institorem de Lypez productum, oblatam, procurator et nomine procuratorio dicti ERASMI proponit et dicit, quod, non obstantibus dictis pretensis scripturis, instrumento predicto, pro parte ERASMI producto, fides est adhibenda et nullo modo per NICOLAUM WINTER potest redargui, tum quia per notarium autenticum est ingrossatum et subscriptum et testes in eodem descripti magne sunt auctoritatis atque ipsis plena fides adhibenda. Quare petit, per vos, venerandum dominum decanum, pronunceiari decerni et declarari, predictum NICOLAUM WINTER racione predicti instrumenti in debitis, per Erasmum petitis, realiter esse confessum et convictum, ipsumque NICOLAUM WINTER ad solucionem eorundem debitorum compellendum fore et esse, cogique et compelli debere, censura vestra ecclesiastica, qua convenit, mediante. Hec petit una cum expensis in causis factis, de faciendis protestaturus.«

. . . . . . . . . .

### 6. *Merseburg, 1444, den 19. Mai.*

*Er. Rogke's Procurator lässt durch Zeugen die Authenticität des Instrumentes constatieren.*

[B 242ᵇ] Anno domini MᵒCCCCᵒ quadragesimo quarto, indiccione septima, die vero Martis, decima nona mensis Maij [*19. Mai 1445*] comparuit in judicio coram domino decano, judice prefato, providus NICOLAUS WORCZIN, dicti ERASMI ROGKEN, in hac causa principalis, procurator, nomine quo supra procuratorio, et quandam citacionis papiri cedulam, alias ab ipso domino decano judice emanatam de eiusque voluntate et mandato per me presentis cause notarium atque scribam in valvis ecclesie maioris Merseburgensis executam atque subscriptam sigilloque dicti domini decani sigillatam, facto realiter et in scriptis infra scripti tenoris exhibuit atque dedit, citatorumque in eadem contentorum non comparencium neque aliquos testes in huiusmodi causa produci recipi et ad jurandum admitti videre curantium[2] con-

---

1) S. S. 57 Anm.  2) Das hier stehende unlesbare Wort (circañ) wird verschrieben sein für das in den Text gesetzte.

tumaciam accusavit, ipsosque contumaces reputari [postulavit?], et in eorum contumaciam duos testes, videlicet honorabilem virum, dominum GEORGIUM FABRI, prespiterum Merseburgensem, et discretum NICOLAUM ZCVMMERMAN, clericum Brandenburgensis diocesis, ibidem presentes et judicialiter comparentes, ut et tamquam testes ad jurandum de perhibendo veritati testimonium super recognicione signorum sigillorum et manuum notariorum jurium et munimentorum, in hac causa productorum, exhibuit atque produxit, quos admitti eorumque solita juramenta recipi nec non interrogari et examinari mandari per dominum decanum, judicem prefatum, debita cum instancia postulavit. Memoratus tunc dominus decanus judex dictos citatos non comparentes neque huiusmodi diei termino in aliquo satisfacere curantes reputavit merito, prout erant, quoad actum et terminum huiusmodi, exigente justicia, contumaces, et in eorum contumaciam supradictos testes, ibidem presentes et judicialiter comparentes, ut et tamquam testes ad jurandum de perhibendo testimonium veritati super recognicione sigillorum signorum et manuum notariorum jurium et munimentorum admittendos duxit et admisit. Qui dum admissi fuerint, statim et in continenti ad mandatum dicti domini decani judicis et in eius manibus, tactis per eos et eorum quemlibet corporaliter scripturis sacrosanctis, ad sancta dei ewangelia juraverunt et dixerunt, ac quilibet eorum juravit et dixit, se velle dicere et deponere puram meram et omnimodam, quam sciverint et quilibet eorum sciverit, in hac causa veritatem de et super omnibus et singulis, [de] quibus eos et eorum quemlibet interrogari seu examinari contigerit, precio, prece, amore, favore, ira, odio, rancore ac qualibet alia sinistra machinacione in premissis postpositis et semotis. Consequenter vero prefatus dominus decanus judex dictis testibus ibidem adhuc presentibus et judicialiter comparentibus sigilla signa et manus notariorum jurium et munimentorum, in huiusmodi causa productorum, exhibuit et ostendit, eosque, an sigilla signa et manus notariorum jurium et munimentorum predictorum recognoscerent vel ne, et an notarii, in eisdem scripti, fuerint et sint publici et legales, interrogavit, volens atque mandans eisdem, ut ad hanc suam interrogacionem mediis eorum juramentis responderent et quilibet eorum responderet. Qui quidem testes, sic, ut premittitur, per dominum decanum prefatum interrogati, statim et in continenti, visis per eos et eorum quemlibet et diligenter inspectis dictis sigillis signis et manibus notariorum predictorum jurium et munimentorum, sub eorum superius prestitis juramentis dixerunt et quilibet eorum dixit, se sigillum huiusmodi bene recognoscere et esse illius, cuius esse dicitur, videlicet rectoratus universitatis studii Lypczensis, nec non signum et manum notarii huiusmodi; eciam bene recognoscere, quod notarius, in eisdem descriptus, sit publicus et legalis et quod ad eum ut ad talem communis habetur recursus. Et tunc dominus decanus judex prefatus ad dicti NICOLAI WORCZIN procuratoris instanciam dictum sigillum et manum notarii cum signo habuit et habere voluit pro recognitis, presentibus ibidem discretis viris PETRO DE PIRNIS et JACOBO RASORIS, clericis Misnensis et Brandenburgensis diocesium, testibus ad premissa vocatis et rogatis.

[B 243ᵃ]   Tenor vero dicte citacionis sequitur et est talis.

»Mandat venerabilis vir, dominus JOHANNES DE WERDER, decanus ecclesie Merseburgensis, judex causarum et cause ac partibus infrascriptis [1]), citari peremptorie in valvis ecclesie maioris Merseburgensis, et citat quendam NICOLAUM WINTER omnesque alios et singulos sua communiter vel divisim interesse putantes et eorum procuratores, si qui sint in civitate Merseburgensi, pro eisdem, quatinus hodie [hora] terciarum de mane compareant coram eo ad recognoscendum et recognosci videndum omnia et singula signa sigilla et manus notariorum jurium et munimentorum, nec non ad videndum et audiendum nonnullos testes ad jurandum de perhibendo testimonium veritati super recognicione antedicta produci in causa et causis vertentibus inter dictos citatos ex una et ERASMUM ROGKEN, institorem de Lypczk, de et super non solucione certe pecuniarum summe et eorum occasione partibus ex altera. Alioquin ad ulteriora procedetur, citatorum absencia in aliquo non obstante. Datum Merseburg anno domini MᵒCCCCᵒ quadragesimo quarto, indiccione septima, die vero decima nona mensis Maij [Dienstag, den 19. Mai 1444] nostro sub sigillo presentibus impresso [2]).«

### 7. Merseburg, 1445, den 26. Februar.

*Nic. Winter wird nach Merseburg citiert zum Schluss des Verfahrens.*

[B 244ᵃ]   JOHANNES DE WERDER, decanus ecclesie Merseburgensis, venerabili viro domino preposito monasterii canonicorum regularium sancti Thome apostoli in Lypczk ordinis sancti Augustini in domino salutem. Vobis mandamus, quatinus ad nostram peremptorie citetis presenciam NICOLAUM WINTER, quem et nos presentibus sic citamus, ut sabbato proximo post dominicam Oculi [Sonnabend, den 6. März 1445] compareat coram nobis Merseburg de mane hora terciarum ad concludendum et concludi videndum vel dicendum causas, quare concludi non debeat, nec non ad audiendum sentenciam sive ordinacionem per nos in scriptis ferri et promulgari in causa vertente coram nobis inter prefatum NICOLAUM WINTER ex una et quendam ERASMUM ROGKEN seu verius [3], DOROTHEAM, eius uxorem legitimam, de et super nonnullis pecuniarum summis rebusque aliis in actis lacius expressis et eorum [4]) occasione partibus ex altera. Alioquin ad ulteriora procedemus, dicti citati absencia in aliquo non obstante. Reddantur litere sigillate [5]). Datum anno etc. quadragesimo quinto

---

1) Steckt hier ein Fehler?

2) Die Unterschrift »NICOLAUS KREISCHDORCH notarius« bezieht sich wohl auf den ganzen bisherigen Theil der Darstellung, oder auf das Protokoll über den Verlauf des Termins, nicht auf dies Citationsdocument.

3) Sonst pflegt es zu heissen: *et seu verius.*

4) Stets *corum*, während man eigentlich *earum* erwarten sollte.

5) So scheint die Formel dieser Citationen zu lauten, eine Aufforderung, den Zettel, mit versiegelter Unterschrift versehen, an den Aussteller zum Beweis

feria sexta post Reminiscere [*Freitag, den 26. Februar 1445*], nostro sub sigillo presentibus impresso.

In signum vero execucionis a tergo dicte citacionis fuerunt scripta hec verba: »Ego NICOLAUS SUTORIS, plebanus apud sanctum NICOLAUM, execulus sum presens mandatum. Datum feria quarta post Oculi [*Mittwoch, den 5. März 1445*] quod protestor per presentes.«

### 8. *Merseburg, 1445, den 6. März.*

*Termin vor dem Dechanten, Schluss der Sache betreffend, und Urtheil.*

[B 243ᵇ] Anno domini MᵒCCCCᵒ quadragesimo quinto, indiccione octava, die vero sabbati, sexta mensis Marcii [*Sonnabend, den 6. März 1445*] comparuit in judicio coram domino decano prefato providus NICOLAUS WORCZIN, ERASMI ROCKEN, in hac causa principalis, procurator, nomine quo supra procuratorio, Et quandam citacionis papiri cedulam, alias ab ipso domino decano judice emanatam ac legitime execulam sigilloque dicti domini decani sigillatam una cum eius execucione facto realiter et in scriptis infrascripti tenoris [*hier als 7 vorweggenommen*] exhibuit atque citatorum in eadem contentorum, non compareucium neque in huiusmodi causa concludere aut ex adverso concludi videre ac ad audiendum sentenciam in huiusmodi causa per dominum decanum judicem prefatum in scriptis ferri et promulgari audire curancium, contumaciam accusavit, ipsosque contumaces reputari et in eorum contumaciam, quantum in eo fuit, conclusit secumque concludi et pro concluso haberi, oblata quadam in scriptis peticione, cuius tenor inferius est insertus, sentenciamque pro se et parte sua et contra partem sibi in hac causa adversam secundum formam et tenorem dicte peticionis, sicut premittitur oblate, in scriptis ferri et promulgari debita cum instancia requisivit. Memoratus tunc dominus decanus judex dictos citatos, non comparentes neque huiusmodi diei termino in aliquo satisfacere curantes, reputavit merito, prout erant, exigente justicia, contumaces, Et in eorum contumaciam cum dicto NICOLAO WORCZIN, procuratore predicto, concludenti et secum concludi petenti, in quantum necesse fuerit, duxit concludendum et conclusit, habuitque et habere voluit in presenti causa pro concluso. Et nichilominus, visis per eum primitus et diligenter inspectis omnibus et singulis actis acticatis, literis, scripturis, instrumentis, juribus et munimentis, testiumque dictis et deposicionibus, in hac causa habitis, exhibitis et productis, Eisque cum maturitate et diligencia debite recensitis, de jurisperitorum consilio et assensu ad suam sentenciam in hac causa ferendam et in scriptis promulgandam duxit procedendum et processit¹), eamque per ea, que vidit et cognovit pro parte dicti NICOLAI

---

der geschehenen Ausführung zurückgelangen zu lassen. Die Schreiber behandeln die Worte oft offenbar incorrect.

1) An demselben Tage? Das ist an sich wenig wahrscheinlich, und um so weniger, da später in dem Instrument vom 1. April 1446 gesagt wird, die Verkündigung habe an einem Freitag stattgefunden, der gegenwärtige Termin war aber an einem Sonnabend. Wenn freilich jenes Instrument den 3. December zu meinen scheint, so ist das eine Unmöglichkeit, s. u.

Woнczin procuratoris et contra dictam partem in scriptis tulit et promulgavit, prout et quemadmodum in quadam pronunceiacionis papiri cedula, quam idem dominus decanus iudex suis tenebat in manibus, quamque de verbo ad verbum publice alta et intelligibili voce perlegit, cuius tenor inferius est insertus, plenius continetur et habetur. Super quibus dictus Nicolaus Worczin procurator peciit sibi a me notario publico predicto unum vel plura publicum seu publica confici instrumentum et instrumenta. Presentibus ibidem discretis viris dominis Petro de Pirniss et Jacobo Rasonis, clericis Misnensis et Brandenburgensis diocesium, testibus ad premissa vocatis et rogatis.

[B 244 b, 246 b] Tenor vero dicte cedule petitionis est talis.

»Venerabilis domine decane. Cum alias in causa coram vobis vertente inter Erasmum institorem et ipsius conthoralem atque Nicolaum Winter de Lypczk, baccalarium arcium, debitum sit liquidatum per ipsum Nicolaum contractum, petit igitur procurator et nomine procuratorio Erasmi et ipsius conthoralis, quatinus per vestram diffinitivam sentenciam pronunceiare decernere et declarare dignemini, predictum Nicolaum Winter reum in una sexagena grossorum novorum cum viginti quinque grossis similibus, occasione bonorum et rerum in actis cause deductarum, ipsi Erasmo et eius conthorali obligatum fuisse et esse realiterque teneri et obligari; propterea ipsum Nicolaum Winter in dictis pecuniarum summis condempnandum fore et esse condempnarique debere, ipsumque ad solucionem earundem ipsi Erasmo et eius conthorali faciendam per vos cogendum et compellendum fore, cogique et compelli debere. Cogatis et compellatis, censura vestra ecclesiastica, qua convenit, mediante. Hec petit procurator predictus, una cum expensis in causa factis, de faciendis protestaturus [1].«

9. *Merseburg,* [*wirklich auch den 6. März 1445?*]
*Urtheilsspruch des Domdechanten.*

[B 244 b, 247 a. A 74 b, 312 b] Tenor vero sentencie est talis [2].

»Visis per nos et diligenter inspectis actis acticatis habitis et productis in causa vertente coram nobis inter Erasmum Rogken et seu eius uxorem legitimam de Lypczk, actorem ex una, et Nicolaum Winter de Lypczk, arcium baccalarium, reum de et super non solucione unius sexagene nove cum viginti quinque grossis similibus et eorum occasione partibus ex altera, De juris peritorum consilio et assensu per hanc nostram sentenciam seu ordinacionem, quam pro tribunali sedentes ferimus, in hiis scriptis pronunceiamus, decernimus et declaramus, Nicolaum Winter de Lypczk, arcium baccalarium, in una sexagena grossorum novorum cum viginti quinque grossis similibus occasione panni vorſtat et parcham Erasmo Rogken institori de Lypczk et seu

---

1) Est steht nur *protestatur,* aber der sonstige Stil verlangt *protestaturus.*

2) Abgedruckt im Urkundenbuch der Universität Leipzig, von Br. Stübel, S. 49, nach A 74 b.

eius uxori legittime realiter fuisse et esse obligatum tenerique et obligari, ipsumque ad solucionem dicte sexagene novorum grossorum cum viginti quinque grossis similibus compellendum fore et compellimus, dictumque Nicolaum Winter in expensis coram nobis propterea legitime factis condempnandum fore et condempnamus, quarum expensarum taxacionem nobis in posterum reservamus.

NICOLAUS KREISCHDORFF

Ita pronunciavi Ego Johannes Notarius.«
de Werder[1]) decanus ecclesie Merseburgensis.

### 10. Merseburg, 1445, den 15. November.
### Nic. Winter wird citiert des Kostenanschlags wegen.

[B 245ᵇ] Johannes de Werder, decanus ecclesie Merseburgensis, venerabili viro, domino preposito monasterii canonicorum regularium sancti Thome apostoli in Lypczk ordinis sancti Augustini, in domino salutem. Vobis mandamus, quatenus ad nostram peremptorie citetis presenciam Nicolaum Winter, quem et nos presentibus sic citamus, ut feria sexta proxima post[2]) festum concepcionis Marie [10. December 1445] compareat coram nobis Merseburg de mane hora terciarum ad videndum et audiendum literas executoriales in forma solita et consweta decerni et concedi, nec non ad videndum et audiendum expensas taxari et moderari vel ad dicendum causas, si quas habet racionabiles, quare premissa fieri non debeant, in causa vertente coram nobis inter dictum citatum ex una et Erasmum Rocken seu verius eius uxorem legitimam, institorem de Lypczk, de et super nonnullis pecuniarum summis et rebus aliis in actis cause lacius expressis, et eorum occasione partibus ex altera. Alioquin ad ulteriora procedetur, ipsius contumacia seu absencia in aliquo non obstante. Reddantur litere sigillate. Datum anno etc. quadragesimo quinto feria secunda post Martini [Montag, den 15. November 1445], nostro sub sigillo presentibus impresso.

Tenor vero execucionis talis est.

»Executum est presens mandatum in octava die sancti Martini [18. November 1445] per me plebanum aput sanctum Nicolaum, quod protestor, manu propria scriptum.«

### 11. Merseburg, 1445, den 10. December.
### Termin in Nic. Winter's Gegenwart, die Kostenberechnung betreffend.

B 245ᵃ] Deinde anno indiccione quibus supra feria vero sexta proxima post[2]) festum concepcionis Marie [Freitag, den 10. December 1445] comparuit in judicio coram domino decano judice prefato, mane hora terciarum in ecclesia

---

1) In A 74ᵇ war anfangs geschrieben Weyda, was dann wenig geschickt corrigiert ward, in Folge dessen bei Stübel Weyden gedruckt ist.

2) In dem Offenen Briefe (No. 12) wird ein Freitag der 5. December als Termin genannt. Sollte etwa hier ein Fehler stecken und es statt post heissen müssen ante?

majori Merseburgensi pro tribunali sedente, providus NICOLAUS WORCZIN, ERASMI ROGKEN, in hac causa principalis, procurator, et quandam citacionis papiri cedulam una cum eius execucione debite facta in presencia dicti NICOLAI WINTERS exhibuit atque produxit, atque expensas in huiusmodi causa pro parte sua factas iuxta et secundum quandam taxacionis expensarum cedulam ibidem oblatam in presencia dicti NICOLAI WINTER, ibidem presentis et judicialiter comparentis, taxari et moderari per dominum decanum judicem prefatum debita cum instancia postulavit. Memoratus tunc dominus decanus et judex in presencia dicti NICOLAI WINTER, ibidem presentis et judicialiter comparentis nec aliquid verbo vel in scriptis replicantis, expensas in huiusmodi [causa[1]] factas ad duos florenos Renenses, prefato ERASMO ROGKEN aut eius procuratori per dictum NICOLAUM WINTER, ex adverso principalem, realiter et cum effectu tradendos et persolvendos, provida moderacione previa, taxandas duxit et moderandas, ac taxavit et moderavit, recepto tamen prius juramento ab eodem NICOLAO WORCZIN procuratore, quod propter hoc ad mandatum dicti domini decani judicis et in eius manibus, tactis per cum corporaliter scripturis sacrosanctis, ad sancta dei ewangelia prestitit, quod pars sua in huiusmodi cause prosecucione coram dicto domino decano judice et coram rectore universitatis studii Lypczensis tantum et ultra exposuit et exponere teneretur. Presentibus ibidem discretis viris PETRO DE PIRNIS et JACOBO RASORIS, clericis Misnensis et Brandenburgensis diocesium, testibus ad premissa. Similiter literas execucioriales decrevit.

[B 245 b] Tenor cedule expensarum est talis.

»Expensas infra scriptas offert procurator honeste mulieris DOROTHEE, conthoralis ERASMI ROGKEN, institoris in Lypczk, factas in causa coram vobis pendente inter ipsam et NICOLAUM WINTER, et petit, eas per vos, venerabilem dominum JOHANNEM DE WERDER, decanum ecclesie Merseburgensis, presentis cause judicem, taxari et moderari. Primo expendit duos grossos notario publico in Lypczk, quando reus fatebatur debitum[2]. Item notario duos florenos pro instrumento confessionis, coram vobis producto. Item notario pro registro conficiendo, super quo sentencia fuit lata, unum florenum. Item pro advocato unum florenum. Item procuratori unum florenum. Summa quinque flor. II gr.[3]«

## 12. *Merseburg, 1446, den 1. April.*

*Offener Brief über das Verfahren beim Merseburger bischöflichen Gerichte.*

[B 246 a] JOHANNES DE WERDER, decanus ecclesie Merseburgensis, universis et singulis, presentes literas seu presens publicum instrumentum visuris et inspecturis, notum facimus, quod, orta dudum coram nobis inter providum ERASMUM ROGKEN, institorem de Lypczk, et seu verius eius uxorem legitimam

---

1) Fehlt, Hs.    2) Es ist mir nicht klar, was hiermit gemeint ist.

3) Auch hier bezieht sich die Unterschrift »NICOLAUS KREISCHDORFF notarius« wohl auf das Protokoll der Sitzung, zu der auch diese cedula gehört.

ex una et discretum Nicolaum Winter, arcium bacc., de et super nonnullis pecuniarum summis rebusque aliis et eorum occasione partibus ex altera, materia questionis citacione legitima ad instanciam prefati Erasmi[1]) contra dictum Nicolaum Winter decreta et concessa[2]), ipsaque citacione una cum eius execucione facto realiter et in scriptis exhibita et reproducta, comparentibus in judicio legitime coram nobis partibus predictis, dictus Erasmus verbo publice proposuit[3]), quod Nicolaus Winter sibi et uxori sue legitime in una sexagena grossorum novorum cum viginti quinque grossis novis occasione vendicionis panni verſtat et pardjam teneretur et realiter obligaretur, petens, dictum Nicolaum Winter ad solucionem huiusmodi pecuniarum viis juris cogi et compelli. Deinde, dicto Nicolao Winter negative respondente ac per prefatum Erasmum certis literis universitatis studii Lypczensis sub nomine rectoris universitatis scriptis sigilloque dicte universitatis sigillatis ac manu notarii publici subscriptis pro probacione et liquidacione debiti huiusmodi facto realiter et in scriptis exhibitis atque productis, ipsisque literis eorumque sigillo et manu notarii per nonnullos testes fide dignos desuper productos receptos et juratos et per nos seu de nostro mandato examinatos recognitis[4]), ac dicto Nicolao Winter in termino ad dicendum contra huiusmodi literas per nos prefixo nichil racionabiliter excipiente et opponente[5]), subsequenter discretus Nicolaus Worczin, dicti Erasmi procurator, de cuius procuracionis mandato nobis legitimis constabat, prout constat, documentis, quandam peticionis papiri cedulam obtulit sub hac verborum forma » *Venerabilis domine decane u. s. w.«* [wörtlich stimmend zu oben No. 8.]

Qua siquidem oblata peticione nos ad prelibati Nicolai Worczin procuratoris instanciam[6]) prefatum Nicolaum Winter, ex adverso principalem, ad videndum et audiendum nostram in huiusmodi causa ferri et in scriptis promulgari diffinitivam sentenciam per certas nostras literas citatorias citari mandavimus et fecimus[7]) ad certum terminum peremptorium competentem, diem videlicet et horam infra scriptas. Quibus die et hora advenientibus[8]) comparuit in judicio coram nobis prefatus Nicolaus Worczin, procurator quo supra nomine, et predicti Nicolai Winter ex adverso principalis contumaciam

---

1) Vom 26. August 1443.

2) Am 28. August 1443.

3) Dies geschah am 6. September 1443.

4) Geschehen am 19. Mai 1444.

5) Er war gar nicht zugegen. Von der Ansetzung eines besonderen derartigen Termins und von Nic. Winter's Auftreten an demselben enthalten unsere Acten nichts. In Folge einer Lücke in denselben? Oder ist die Darstellung hier ungenau? Wohl Letzteres, denn das Protokoll über die Sitzung vom 19. Mai 1444 lässt den Richter gleich über etwaige Einwendungen des Winter als contumax hinweggehen.

6) Auch dieses Actenstück ist uns nicht erhalten.

7) Geschehen am 26. Februar 1445.

8) Am 6. März 1445.

accusavit ipsumque contumacem reputari et in eius contumaciam diffinitivam sentenciam pro se et parte sua iuxta preinserte peticionis vim formam et tenorem ferri et in scriptis promulgari per nos instanter postulavit. Nos tunc, Johannes, judex prefatus, dictum Nicolaum Winter ex adverso principalem non comparentem reputavimus merito, suadente justicia, contumacem et in eius contumaciam, visis primitus per nos et diligenter inspectis omnibus et singulis actis acticatis literis scripturis instrumentis juribus et munimentis, testiumque dictis et deposicionibus in hac causa habitis exhibitis et productis eisque cum diligencia et maturitate debite recensitis, de juris peritorum consilio et assensu ad nostram diffinitivam in huiusmodi causa proferendam et promulgandam sentenciam duximus procedendum et processimus, eamque per ea que vidimus et cognovimus ac de presenti videmus et cognoscimus in scriptis tulimus et promulgavimus in hunc qui sequitur modum. »Visis per nos u. s. w.« [wörtlich stimmend zu No. 9.]

Lecta[1]) lata et in scriptis promulgata fuit presens sentencia per nos, Johannem de Werder, decanum ecclesie Merseburgensis, sub anno domini M°CCCC°XLV°, die vero Veneris proxima post festum sancti Andree[2]), presentibus ibidem discretis viris, dominis Petro de Pirnis et Jacobo Rasoris, clericis Misnensis et Brandenburgensis diocesium, testibus ad premissa vocatis et requisitis.

Deinde postquam sentencia huiusmodi per nos sic ut premittitur lata, nulla provocacione suspensa, in rem transivisset judicatam, fuimus per prefatum Nicolaum Worczin procuratorem debita cum instancia requisiti, quatinus omnes et singulas expensas pro parte sua in huiusmodi causa coram nobis factas taxare et moderare dignaremur[3]). Nos tunc Johannes decanus et judex prefatus, citacione legitima ad instanciam dicti Nicolai Worczin procuratoris ad videndum huiusmodi expensas taxari decreta[4]) ac in valvis ecclesie Merseburgensis legitime executa[5]) et judicialiter reproducta, dictique Nicolai Winter, ex adverso principalis, contumacia accusata ipsoque per nos contumacem reputari petito[6]), ulterius ad dicti Nicolai Worczin procuratoris instanciam et peticionem expensas supradictas in quadam designacionis earundem

---

1) Ist diese promulgatio noch etwas Besonderes? Oben schien sie mit auf den Termin vom 6. März zu fallen.

2) Diese Datierung muss falsch sein, denn sie ergäbe den 5. December 1445, während doch bereits am 15. November Citation an Nic. Winter wegen des Kostentermins erlassen ward. Oder ist das Fest der Translatio des hl. Andreas gemeint, das in die zweite Woche des Mai fällt? Freitag nach demselben wäre der 14. Mai gewesen.

3) Nicht bei den Acten.

4) Am 15. November 1445. Der Termin war dann am 10. December.

5) Nicht ganz richtig. Die Vorladung erfolgte wenigstens auch in Leipzig.

6) Aber an diesem Termin war Nic. Winter zugegen, s. o. Es scheint, als ob das Verhalten Winter's am 19. Mai 1444 und 10. December in diesem Instrument verwechselt sei.

papiri cedula[1]), quam ibidem facto realiter et in scriptis exhibuit, designatas iuxta eiusdem cedule continenciam, ad duos florenos Renenses, per prefatum Nicolaum Winter dicto Erasmo Rocken seu eius uxori legitime aut procuratori, desuper sufficiens mandatum habenti, dandos et persolvendos, provida moderacione previa, taxandas duximus et taxavimus ac taxamus presencium per tenorem, recepto nichilominus ab eodem Nicolao Worczin procuratorio quo supra nomine iuramento ad mandatum nostrum et in nostris manibus, tactis per eum corporaliter scripturis sacrosanctis, ad sancta dei ewangelia prestito, quod pars sua tantum et ultra exposuisset seu necessario exponere haberet et teneretur in et pro lite ac causa antedictis. In quorum omnium et singulorum fidem et testimonium premissorum presentes nostras literas sive publicum instrumentum exinde fieri et per notarium publicum infrascriptum subscribi et publicari nostrique sigilli iussimus et fecimus appensione communiri. Datum et actum Merseburg sub anno domini MᵒCCCC quadragesimo sexto, indiccione nona, die vero Veneris proxima post dominicam Laetare [*Freitag, den 1. April 1446*], serenissimo principe et domino domino Frederico Romanorum rege regnante, presentibus ibidem discretis viris dominis Petro de Pirnis et Jacobo Rasoris, clericis Misnensis et Brandenburgensis diocesium, testibus ad premissa vocatis specialiter et rogatis.

Et ego Nicolaus Kreyschdorff de Zar, clericus Wratislaviensis diocesis publicus sacra imperiali auctoritate notarius dictique domini Johannis de Werder decani et judicis et coram eo in presenti causa scriba, quia premissis omnibus et singulis, dum sicut premittitur agerentur et fierent, una cum prenominatis testibus presens interfui eaque sic fieri vidi et audivi. Ideoque presens publicum instrumentum manu mea propria scriptum exinde confeci, subscripsi et in hanc publicam formam redegi, signoque nomine et cognomine meis solitis et conswetis consignavi in fidem et testimonium omnium et singulorum premissorum, rogatus et requisitus etc.

13. *Ohne Ort und Datum, vielleicht älter als No. 12?*
*Nic. Winter kündet Appellation an das Basler Concil an.*

[A 312ᵇ] Appellatio ab hac sententia diffinitiva.

Cum appellationis remedium sit in relevamen oppressorum a canonibus salubriter adinventum, hinc est, quod ego Nicolaus Winter, arcium liberalium baccalarius, Merseburgensis diocesis, animo et intentione appellandi et provocandi, apostolos petendi, prout melius et efficatius fieri potu[er]it ac debu[er]it, coram vobis, venerabili domino Johanne de Werder, decano ecclesie Merss., judice[2]) et subconservatore, a reverendo in Christo patre et domino, domino Johanne, episcopo Mersseb., judice et conservatore principali jurium privilegiorum libertatum rerum et bonorum etc. a sede apostolica specialiter deputato, subdelegato, et coram vobis, notario publico et testibus huius per

---

1) S. oben S. 64.
2) Im Text steht eine unverständliche Abkürzung, dioᶻᶻ, auf dem Rande aber *judice*.

presentes propono et dico, quod instrumentum vobis judicialiter ad instantiam
ERASMI ROGKEN oblatum et presentatum cum appensione sigilli rectoris uni-
versitatis Lipczensis studii, Et predictum instrumentum est falsum et non
extractum sub forma juris, sed sibi sinistre dolose ac fraudulenter acquisivit,
cum omnia contenta istius instrumenti sunt falsa. Ubi et inmediate pecii
a vobis, domine decane, compulsorium, quod michi denegastis omnino, et
huiusmodi exposicione[1]) mea non admissa et ordinem juris pervertendo in
odium meum et favorem partis adverse etc. Quibus sentiens me esse gravatum
et multipliciter lesum, timendumque plus ledi posse et gravari a vobis,
domine decane, propter premissa gravamina a vestra diffinitiva sententia et
contra dictum ERASMUM ROGKEN, in hac parte adversarium, iterato ad sacrum
generale concilium in hiis scriptis provoco et appello, apostolos peto primo
secundo tercio, instanter instantius instantissime, mihi dari; si quis sit velit
et possit tales quales de jure habere debeo etc., subiciens me ac omnes
mihi adherentes et adhuc mihi adherere volentes protectioni dicti concilii.
et protestor, quod presentem meam appellationem possum et volo corrigere
emendare ipsamque illis, quorum interest, insinuare, quam primum ad hoc
se obtulerit facultas etc.

.

# III. Vor dem Fehmgerichte.

*Geseke, 1445, den 2. November.*
*Warnungsbrief des Freigrafen Heinr. van Grossen an Erasmus Rogke.*

[A 347ª]  De secreto judicio in Westvalia sub archiepiscopo Coloniensi.

Wete, AsMUS[2]), gute frund, dat du vor dissen fryen stul myns junck-
heren Meldircke treppeliken vnnd hoch vmme sake anlangende dyn lilf, gud
vnde ere gericht halben vor Ghesgke[3]) vorelach bist von[4]) ANDREAS OSWALD;
sulke sake om abgetreden vnnd gewen heft sin lifflike frund NICOLAI WINTER,
to dodende[5]) vnnd to latende, vor den ersamen CLAWES WYSCHKEN RADE vnnd
CURD BRAMCK, frischeppen, alz dat em recht beste craft vnnd macht gehebben
magk, ane vnderschyt sy der betugen vnnd schrewen. Hir vmme appenbar
ik vnnd tho dy kund van macht weghen des heylighen Romyschen rickes in
kraft disses briffes, dat [du] disseme vorgen. ANDREAS OSWALD dost, wes du
em van ere vnde rechte plichtich sist, bynnen verten nachten na anghesichte
disses briffes, ader dem gnantin NICOLAI WINTER seker geleyde vnnd felygende
alf vnnd to [to] komende sunder gevere[6]) scapest. Were sake, dat du dat
alf slogest vnde nicht endedost, queme denne de vorgenante klegher edder
ymant van zyner weghen vnde claghede vorder ober dy, zo müste ik forder

---

1) Kaum richtig. Es steht ex'pōe. Etwa *exceptione?*
2) d. i. ERASMUS.
3) Geseke ist ein Ort in Westfalen zwischen Soest und Paderborn.
4) *cor* Hs.    5) zu thun.    6) *gewere* Hs.

richten, dar ghod vor sy, dat ik doch vngherne dede vnde mochte dat nicht laten van myner eyde weghen, dy ik deme heylighen Romischen rycke gedan hebbe. Gheben vnder myneme ingesigel, anno domini M°XLV feria 3ª post Omnium sanctorum [*Dienstag, den 2. November 1445*].

HINRICUS VAN GROSSEN, frygreue tho Ghesicke, myns gnedighen heren van Collen vnnd NELKERS VAN MELDINKE.

An ERASMUS CRAMER wanhaftyg tho Liptzk kome disse breff.

. . . . . . . . .

## IV. Vor dem Propst in Altenburg.

1. *Frankfurt a/M., 1446, den 14. März.*

*Der Cardinallegat Ludwig für Germanien seitens des Basler Concils beauftragt den Propst von Altenburg mit Untersuchung der Sache.*

[A 313ª] Rescriptum et conquestum in causa appellationis impetratum.

LUDEWICUS, miseracione divina tituli sancte Cecilie sancte Romane ecclesie presbyter cardinalis, Arelatensis vulgariter nuncupatus, a sacrosancta generali synodo Basiliensi, in spiritu sancto legitime congregata, universalem ecclesiam representante, ad Germanie partes legatus de latere deputatus, dilecto nobis in Christo preposito ecclesiarum in Aldenburg Nuemburgensis diocesis salutem in domino sempiternam. Sua nobis dilectus in Christo NICOLAUS WINTER, clericus Merseburgensis diocesis, petitione monstravit, quod, cum dudum ERASMUS ROCKEN de Lipezk laicus et DOROTHEA eius uxor, falso asserentes, dictum NICOLAUM eis in certis pecuniarum summis ex causis eciam tunc expressis obligatum fore, super hoc eundem NICOLAUM petentes, eum compelli et condempnari ad solvendum et dandum eis pecunias supradictas, coram dilecto nobis in Christo JOHANNE WERDER, decano ecclesie Merssb., non ex delegatione apostolica, traxissent in causam, Idem JOHANNES decanus, in ipsa causa perperam procedens, diffinitivam contra NICOLAUM prefatum sentenciam promulgavit iniquam, a qua pro parte dicti NICOLAI inter alia fuit ad sacrum Basiliense concilium appellatum. Quo circa nos auctoritate dicte sinodi et legationis, qua fungimur in hac parte, discrecioni tue mandamus, quatinus, in appellationis causa huiusmodi legitime procedens, sentenciam predictam confirmare vel infirmare procures, prout de jure fuerit faciendum, auctoritate memorata faciens, quod decreveris, per censuram ecclesiasticam, appellatione cessante, firmiter observari. Testes autem, qui fuerint nominati, si se gracia odio vel timore subtraxerint, simili censura compellas veritati testimonium perhibere. Datum Francfordie Maguntine diocesis II. id. Marcii anno a nativitate domini M°CCCC° quadragesimo sexto [*14. März 1446*].

Visum JOHANNES DINSLAGK.                    Ma LAELINGER etc.

2. *Altenburg, den 27. April 1446.*

*Der Propst von Altenburg, Jano de Dolen, citiert die Zeugen und den Erasmus sammt Frau.*

[A 313ª]   Citatio vigore rescripti.

JANO [1]) DE DOLEN, praepositus canonicorum regularium monasterii beate Marie virginis ordinis sancti Augustini Nuenburgensis diocesis extra muros Aldenburg siti, a venerabili viro domino Ludvico, miseracione divina Romane ecclesie presbytero cardinali Arelatensi, causarum auditore principali cause et partibus infra scriptis a sede apostolica [2]) specialiter deputato, judex commissarius cause et partibus infra scriptis specialiter subdeputatus, Universis et singulis dominis praelatis praepositis plebanis viceplebanis altaristis ac divinorum rectoribus, per civitatem et diocesim Merss. ac ubilibet constitutis, et presertim rectoribus in Lypczk presentibus requisitis salutem in domino sempiternam et mandatis nostris, ymoverius antedicti domini cardinalis, auctoritate sacri concilii Basiliensis firmiter obedire. Litteras commissionis cause et partibus infra scriptis prefati domini cardinalis, nobis per discretum dominum NICOLAUM WINTER, baccalarium dicte Mersseburgensis diocesis, de cuius mandato et constitutione nobis per certa documenta facta est plena fides, praesentatas nos ea qua decuit reverentia recepisse noveritis. Quarum literarum debite requisiti dabimus copias ac ipsarum tenorem hic volumus habere insertam.   Earundem literarum siquidem commissionis vigore vobis omnibus et singulis rectoribus divinorum, quibus supra, et praesertim in Lypczk presentibus requisitis in virtute sancte obedientie et sub pena suspensionis ab ingressu ecclesie, quam in vos et quemlibet vestrum, trium tamen dierum canonica monicione previa, ferimus dei nomine in hiis scriptis, si mandatis nostris, ymoverius dicti domini cardinalis, non parueritis cum effectu, districte precipiendo mandamus et peremptorie admonemus presentiam (?), citamus honorabiles et viros discretos [3]) PETRUM PIRNER, JOHANNEM DE RATISPONA, JOHANNEM BUSSBACH, JOHANNEM KAMERAW, JOHANNEM SEMELTRETER, JOHANNEM HOEN-

---

1) Der Name wird meist decliniert JANONIS u. s. w.   Vgl. Mittheilungen der Geschichts- und Alterthumforschenden Gesellschaft des Osterlandes, Bd. 8 (1882), S. 173.

2) Man beachte die Abweichung von dem Schreiben des Legaten.   In seinem zweiten Testamente vom Ende des Jahres 1445 (schon 1439 hatte er eins gemacht) datiert JANO nach dem Pontifical EUGEN's.   Dennoch nimmt er hier einen Auftrag seitens des Legaten des Basler Concils an, freilich indem er den apostolischen Stuhl als Auftraggeber hinstellt.

3) Von jenem Instrument, das die Zeugen nennt, gab es verschiedene Abschriften.   Einige derselben lassen die beiden Doctoren AUGUSTINUS DE KEMPNITZ und PAULUS DE HALLIS fort.   Eine solche Abschrift war dem Altenburger Subdelegaten, in erster Linie wohl dem NIC. WINTER, zu Händen gekommen.

STEN, artium magistros, ut decima die a notificatione ipsis facta quilibet personaliter et persona propria in curia nostre habitacionis compareatis legitime hora terciarum in Aldenburg ad confirmandum vel infirmandum instrumentum non extractum sub forma juris sed surrepticium ob petitionem dicti NICOLAI, nobis qui monstravit, quod dudum ERASMUS ROCKEN de Lypczk aut eius uxor, falso asserentes[1]), dictum NICOLAUM WINTER eis in certis pecuniarum summis ex causis extunc expressis fore obligatum, ubi dictus ERASMUS, perperam procedens, diffinitivam contra NICOLAUM prefatum sententiam in ipsa causa[2]). Insuper auctoritate sacri concilii dictum ERASMUM aut eius uxorem ad nostram presentiam peremptorie sic citamus, ut decima die post notificationem hora tertiarum in curia habitationis nostre conpareant ad dicendum vel allegandum causam rationalem, quare falsa, quae sibi asseruit[3]), retractari et infirmari non debeat. Et omnibus singulis actis acticatis nostris juribus et munimentis huiusmodi causam tangentibus ac omnia et singula presentem causam concernentia, quantum in nobis est, concludi visuris[4]), certificantes nichilominus dictos citatos, quod, sive comparuerunt sive non, id quod ordo juris poposcerit utique faciemus, absentia seu contumacia non obstante, premissa videlicet exequentes, sicuti de obedientia commendare et penas premissis glisatis evitare[5]). Datum anno domini M⁰CCCC⁰XLVI⁰ feria quarta post Quasimodo geniti [*Mittwoch den 27. April 1446*]. Redd. litt. sigill.

. Hec NICOLAUS SELLATORIS notarius.

3. *Ohne Ort und Datum* [*wohl Altenburg, und wohl bereits Ende April 1446*].[6])

*Schreiben des Nic. Winter an die Universität.*

[A 313ª] Den ersamen wifsen irluchten rector doctores vnd meister der gantzen vniversitet zu Lipczk, synen besund[ern] ic.

Ersamen weifsen irluchten doctores vnde meistere. Jr habet vornomen vorladunge der geczughen alzo von macht defs heiligen concilio, dy do mid namen in dem instrument gescreben stheen, do ERASMUS ROCKE geltschuld zcu myr vordert vorwert[7]) vnde mid des rectoratus hangende sygil dafs selbige instrument vorsigelt, dafs falsch ist vor god vnde der werlde. Merglichen, were is fullenkomen vnd rechtfertig, so hettith ir den geczügh nicht

---

1) Es fehlt das Verbum finitum, ist etwa *as/sererent* zu lesen?

2) Es fehlt wieder das Verbum.

3) Etwa *asserunt? sibi* bleibt immer noch unklar? Die Überlieferung muss fehlerhaft sein.

4) Die Abschrift ist abscheulich. Der Schreiber verstand nicht was er vor sich hatte.

5) Auch hier sind grobe Fehler in der Überlieferung.

6) Der Brief wird gleichzeitig mit der Citation des Propstes geschrieben sein, zu dem ja NIC. WINTER in gutem Verhältniss gestanden zu haben scheint.

7) Dies Wort steht deutlich und klar geschrieben neben *vordert*. Vgl. unten *vorwerter*.

hinderstellig behalden[1] , alzo Johannes Weisse vndir des rectoris sigil vor-
screben had, vnd ist der vniversitet eyne bofse nachsaghe, dafs ir sigil vor
falsche brive sulle gehangen werden, denne es haben etliche meistere ouch
sulche kunstliche instrument gemüth[2] an magistro Conrado Tunaw [Rector
im Winter 1445/46] vnd allegirt, is sy obir den bacc. Winter gegeben: wefs
man sy czygen wolle: dafs danne der erbar meister vñd rector weigherte
zu thuende. Hir vnme nach ufswisunge der gesatzten recht so ist uwer
sigil machteloefs vñd vorwerter gloubeloefs, vñd der richter Johannes Wisse
had uch uwere jurisdicion vorloren vnde ist or vorvallen, vnde sullet or
ane gebruchunge bliben adir ewiglichen irregulares, ut extra. de of. ju. or.
[Extrav. comm. 1, 7] cum eterni lib. VI. [Sexti Decret. II, 14] is saget
andirwegen dafs recht, wafs eyn richter mid vnrechte thued adir weighert,
dafs helt man vor nicht, ut C qui pro sua jurisdiccione judices dare possunt
[Cod. Just. III, 4], II q. VI c. diffinitiva[3] [Decr. II, 2, 6, 44] extra. de sen.
et re ju c. inter ceteras [nicht Extrav., sondern Decretal. Greg. II, 27, 9]
vñd der richter had vordinet dy pyn des gesatzten rechtis XI[4] q. III. c.
quicunque [Decr. II, 11, 3, 79] vnd ist alle syner h[5] leben vorvallen nach
ufswisunge des rechten de crimine falsi[6]. Ouch so had magister Johannes
Mellirstad in sitzcedem richte bekand, dafs etliche der gezughen nicht
geinwertig gewest sind, defs ich gute wissenschaft habe, vnde getruwe
om wol, ber vorsache mirfs nicht. Vornemet ir wol, dafs ich stumperlichen
vorbannen werde wedder recht uf sulche falsche instrument in myneme
abewesinde, vorfolgende myner appellation. Hir vnme, irluchten doctores
vnde vorstendighen meistere, jungh vnde ald, vormochtet ir dy genantin
Johannem Wissen vnde Erasmum Rocken, synen gesellin, dafs mir genug nach
schuld vnde antword nach uwerem irkentnisse geschee durch gelimpes willen,
so wolde ich is noch nemen zcu vormiden grofser mühe vñd arbeyt. Adir
vorsacht dy obgenanten durch sulcher missethaed, den ich denne getruwe
recht mid rechte abe czu forderen, besunderen Erasmus Rocke, der do nicht
mag gebruchen privilegia der vniversiteten, ir wist wol wefshalben. Mochte
ich aber uwer anewisunge birane nicht genifsen, so vordencket mich nicht,
ab ich der gantzen gemeynen zu Lipczk, arm vnde rich, werde schreiben
unde kunth thuen, wurumme vnde dorch wafs ich vorbannen werde, an
sulchen steten vnde enden, dafs uch lichte erschreglich werd stehen zeu

---

1) Soll das heissen »so hättet Ihr den Beweis nicht unangeführt gelassen«?
An einem solchen, behauptete er ja, habe es gefehlt.

2) gemuotet = gewünscht, erbeten.

3) diffinitivam lls.

4) Geschrieben steht allerdings XIII, was ein unmögliches Citat ergiebt;
es kann nur XI gemeint sein, denn XII, 3, 2, das gleichfalls mit Quicunque be-
ginnt, stimmt seinem Inhalte nach nicht.

5) Dieser, hier auch unverständliche Buchstabe ist, wie es scheint, durch-
strichen.

6) Häufig vorkommender Titel.

dulden, vñd dar nach mich an herren, fursten, graven, frien, ritteren vnde knechten werde irclaghen, sulche obin vormeldte artigkel, uff dafs, ab myr ymand zu myme rechte gehelfin mochte; dafs ich doch nothen gein uch thû, vnde doch thûn mûefs, dafs god nicht enwolle. Hir obir uwir bescreben antword. Gegeben vnder myneme ingesigel.

NICOLAUS WINTER Baccl.

vnde studente zcu Erford. [1]

### 4. Leipzig, wohl Anfang Mai 1446.

Schreiben der Universität an den Propst Jano in Altenburg, mit der Bitte, von seinem Vorhaben abzustehen.

[A 313 b] Litera directa domino Jano preposito in Oldenborch ab universitate.

Sincero affectu cum grata conplacencia ubilibet premissis. Cum secundum canonicas sanxiones locorum judices suas jurisdictiones adinvicem adiuvare teneantur, ut per hoc rebellium compescatur pertinacia et verius [2] discipline solum jus roboretur, Hinc est, domine venerande, quod dudum quendam NICOLAUM WINTER, olym nostre universitatis suppositum, ratione inobedientie ac contumacie sue ex parte cuiusdam sentencie, contra eum per dominum rectorem anno 43 una cum assessoribus et judicialibus fulminate, prout lacius in instrumento diffinitive sentencie nec non ratihabitionis eiusdem continetur, exclusimus ad instantiam providi ERASMI ROGGHEN, opidani opidi Liptzk, adhibitis omnibus sollempnitatibus in nostra universitate fieri consuetis per citationem, monitionem in valvis collegiorum et ecclesiarum. Modo idem reus ad vestre jurisdictionis limites se transtulit, credens per hoc nostros processus ac sentenciam effugere et rebelliter contempnere, Qua propter nos rogamus precum instantia, quantum possumus, quatenus, nostre universitatis intuitu nostris sentenciis conpati in subsidium juris volentes, praefatum NICOLAUM WINTER, iuxta nostrorum processuum tenorem exclusum et tamquam membrum putridum abeisum, publice nunciari nostraque mandata contra eum emissa et emittenda execucioni debite demandari [3]), pro quo in casu consimili vobis ad vicissitudinis operam consequendam volumus obligari. Datum etc.

---

1) Er war ein Jahr nachdem er in Leipzig immatriculiert war in Erfurt immatriculiert. Vgl. WEISSENBORN, Acten der Erfurter Universität I, S. 152ª: NICOLAUS WINTER p. (d. i. pauper).

2) rerius ist roth durchstrichen; es passt auch nicht in den Zusammenhang; etwa verberibus?

3) Auch hier fehlt das Verbum finitum; etwa curetis? denn velitis ist wohl durch das oben stehende volentes ausgeschlossen.

5. *Altenburg, ohne Datum [Mai 1446].*

*Der Propst von Altenburg nimmt offensichtlich Partei für Nic. Winter.*

[313 b]   Den werdighen vnd wol wyfsen rector und meisteren, zu gliche
der vniversiteten zeu Lypezk, vnfseren besunderen gunstigen
vorderern.

Unseren fruntlichen dienst zeuuor. Ersamen wyssen rector vnde meister,
uwer schriftliche meynnunge von wegin eyner sentencien vor vñd anlangende
Erasmum Rocken vnde sine hufsfrawe haben wir wol vorstanden, und be-
sunderen mit Nicolao Winter bacc. dervfs gered, der vns danne der sachen
vorlouffunge luterlich bescheiden und bericht hat, und meynd den meistern
nach der vniversitet keyns zeuvorwissen nach zeu suchen, sunder alleyn meister
Wyssen, der do solle eyne vntuchtige vñd false sentencien mit eyme schrift-
lichen instrument vorwerd obir on vñd zu guthe Erasmi Rocken vorwolbord
haben, ane willen vñd wissen des notarius, der assessores und judiciales,
dye ny dorneben noch dorby gewest sind, schuld vñd antwort, als das
instrument vfsweyset, nye von om gehort haben, vñd ezugeruffen vñd ge-
heischzen [1]), als recht ist, sunder alleyne als on meister Wyse ezu der antwort
gedrungen hatte, vñd bufsvellig zweier gulden geteilt, vñd vormand an
kirchtoren und colleigen etc. Auch, ersamen weyfsen meister, so ir in
uweren schrifften benomet, we daz der ersame Nicolaus Winter sey exclu-
dert uwer vniversiteten durch Erasmi Rocken wegen, spricht der gute Nico-
laus Winter vñd bit vorezulegen uwer briffe vñd sigil, dye er personlich
von den kirchtorn gerefsen vñd genomen hat [2]), om (?) Jacobus uwer diner
flifslichen gewegert, vñd wisse anderfs keyne sache dor vmb her solle ex-
cludirt sin sunder vmb der bufsen zweyer gulden willen, als dann dye vor-
sigilte monicio vfsweyfset, vñd wil volkomen, als recht ist. Hir ynne vor-
mercket man uch in uweren eygen schriften, als ir schribet, her sy exclu-
dirt von wegen Erasmi Rocken; als danne de monicio vfsweyfset, so ist er
villichter durch bufse der zweyer gulden excludirt. Hir vmb, ersamen wifsen
rector vñd meister, vormane wir uch betlichen durch des gotlichen rites [3])
willen dissem geinwertigen Nicolao Winter syne gute gerichtekeit nicht ezo
vorwenden, als uch wol ezemet unrecht ezu krengken und nicht ezu stergken,
ader geruchet sulchen ernst in gute hen ezu legen vñd ezu enscheiden. Wes
wir uwer wifsheit vordermir unschedelich zu dinste thun sollen, to wirez
vnuordrislichen gerne.

Gegeben under unserme ingesigel.

> Jano de Dolen, probist uch dem
> berge regelerfs ordnfs ezu unfser
> liben frauwen etc.

---

1) Auch hier vermisst man eine Negation.

2) Aber schwerlich sind dies die beiden Mandate, um deren Abreissung
willen er am *18. Juli 1445* zu 1 Gulden Strafe verurtheilt ward. S. o. Es werden
wohl spätere, seine Exclusion betreffende gewesen sein.

3) *rehtes* oder *rihtes* = gerihtes.

6. *Altenburg, ohne Datum (Mai 1446?).*

*Nic. Winter an die Universität Leipzig*[1].

[A 314ª] Den ersamen weyfsen rector vn̄d meistern der hohen schulen zcu Lippez, mynen besunderen gunstigen vorderern vn̄d guten frunden.

Mynen willigen vnuordrossen dinst zcuvor. Ir, rector vn̄d ersamen wifsen meister, alzo ir in uwern schrifften vormeldit myne contumacien vn̄d exclusion, der ich mich nye ensatz noch wedersprochen habe vn̄d lydelichen vorduldet, vn̄d byn keyme suste hafsiger dar vm̄b gewest vn̄d meyne uch[2] keyns czu sachen, ab ichs durch recht wol gethun mochte: no verstehe ich in uweren schriften, daz ir mechtiglich der vngerechtigkeit gerne bystand volentet vn̄d vorantwrtet daz, daz ich mich nicht vorclage; bithe ich uch durch got vn̄d synfs hogisten recht, ir wollet uch in dissen sachen vn̄d myner gotlichen gerechtigkeit vorwerter keynen intrag nach hindernisse machen. So ich die vniuersitet nicht anders zyhe denne gut, wes vorwyst ir mir denne? Merglichen, als ich vormalfs vil vn̄d uffte mich false[r] instrumente irelaget habe vn̄d noch meyne von tage czu tage czo vorvolgen, hir vm̄b[3] so hat mich ERASMUS ROGKEN vor JOHAN WYSSEN, czu der czyt rector, in sulchen vorthen[4] geschuldigit, ich hette vorstad getragen, der were syns weybes gewest, eyne stad czw drey[5]); daz der gute WEYSSE nye keynen notarien bey nach neben sich gehat hat. Wordet ir no den gnanten WEYSSEN ader ERASMUM uff den heiligen difse warheid derinneren, so hofte ich czu got, sy worden solcher schulde vn̄d clage bekand sin. Uff sulche schulde ich nicht habe wollen antwerten. Worden sye is abir vorleucken, daz ich nicht engleube, so wil ich sie obirkomen, als recht ist, [mit den?] dye is gehord vn̄d gesechen haben; die selbigen schulde nicht in dem instrument stehen sunder vorkard. Gebe ich uch czo vorstehen, waz eyn sulcher richter vorvallen sy. Bete ich luterlichen durch gotiswillen vn̄d deʒ rechten, dem vnrechten keyne vorderunge nach helflichen schucz czu leisten, uff daʒ daʒ es icht an eyneme andern schimbarer yrkand wirde, danne vor sulcher betriglicher falfsheyt sich keyn man vorwaren mag.

Gegeben zu Aldinburg under myneme ingesigel.

NICOLAUS WINTER, bacc. vnd student<br>von Erflord.

---

1) Der Brief ist schwer zu datieren, aber da er aus Altenburg geschrieben ist, so fällt er am wahrscheinlichsten in die hier behandelte Zeit, und er scheint mir am richtigsten als eine quasi Mitantwort auf das ablehnende Schreiben der Universität an den Propst zu Altenburg aufgefasst zu werden.

2) Es stand *auch*, das *a* ist kreuzweis durchstrichen.

3) Wohl so viel wie: was das anbetrifft.

4) Wohl *worten*.

5) WYSSE allein, statt dass drei das Gericht bilden sollten.

7. *Leipzig, 28./30. Mai 1446.*

*Notiz von Joh. Wyse über Beschlüsse der Nationen.*

A 314ª] Anno 1446 die XXVIII mensis Maii conclusum fuit in generali congregacione tocius universitatis, per duas naciones, scilicet Missnensium et Saxonum, quod universitas in causa Winter debeat assistere rectori sub expensis universis. Natio Polonorum voluit, quod daretur perpetuum signetum M. Johanni ad agendum et defendendum. Natio Bavarorum remisit ad consiliarios et juris peritos, quibus placuit die 30. eiusdem mensis, quod universitas assisteret rectori in prima reysa, et si negotium non terminaretur, ex tunc M. Johannes causam assumeret sub expensis propriis sub fideli assistentia universitatis.

8. *Leipzig, 1446, den 28. Mai.*

*Energischer Protest der Universität gegen das Vorgehen des Propstes.*

[A 314ᵇ] Secunda litera directa domino Jaxo, preposito in Oldenborch, ab universitate.

Sincere caritatis affectum cum omni promptitudine complacendi. Licet de quodam Nicolao Winter, arcium baccalario, multa quidem enormia et obscena a retroactis temporibus doctoribus et magistris nostre universitatis, pro tunc assessoribus, per verborum plurium improperia ab eodem irrogata vestre caritatis potuissemus, ymo utique debuissemus auditibus instillasse, ea tamen praecipue vestre caritatis affectui novissime duximus insinuanda, a quibus nostre universitatis magistris notabilibus, erga quorum perturbationes temerarias et injustas tenemur animum gerere compassivum, cernebatur non leve prejudicium generari. Nam cum idem Nicolaus Winter, insectans pocius quarundam personarum illiteratarum vestigia quam juris consultorum salubria documenta¹), magistros nostre universitatis in senario numero, presentes et absentes, taliter qualiter impetisset, vestram caritatem humiliter rogavimus instancia precum multa, quatenus nostre universitatis intuitu praedictum Nicolaum Winter, juxta nostre universitatis statutorum continenciam de consensu pleno et assensu doctorum et magistrorum nationaliter congregatorum in generali convocatione universitatis specialiter ad hoc facta a consortio nostrorum studentium per venerabilem virum, magistrum Johannem Wisen, sacre theologie baccalarium formatum, pro tunc rectorem, quasi membrum putridum exclusum propter plurimas eius rebelliones nec non ad instantiam Erasmi Rogken, talem sic abcisum dignaremini reputare nilque in nostre universitatis preiudicium attemptare. Sane vestre caritatis literam cum omni, qua decuit, honestatis reverentia recepta atque prelecta, comperimus inter cetera vestram caritatem, utilitati et profectui privato Nicolai Winter baccalarii plus quam toti cetui doctorum et magistrorum nostre universitatis congaudentem, in prefati Nicolai honoris exaltationem nostreque universitatis non modicam confusionem quedam per ordinem, videlicet utique falsa et, si phas esset dicere, frivola et mendosa, ut in processu suis temporibus

---

¹) Es sind die S. 70 genannten 6 Magister gemeint. Oben S. 25 ist diese Stelle missverstanden.

clarius apparebit, literatorie reserasse: Primo quidem, qualiter magister JOHANNES WISE prenominatus indecentem quandam et falsam sententiam, confecto desuper instrumento, in favorem ERASMI ROGKEN et in NICOLAI WINTER, artium baccalarii, odium fulminasset; secundo, quod huiusmodi sententia per prefatum magistrum JOHANNEM sit pronunciata preter scitum notarii et assensum judicialium et assessorum; tertio quod prenominatus NICOLAUS WINTER, artium baccalarius, ob penam duorum florenorum eidem inflictam et [non?] ad ERASMI ROGKEN instantiam sit exclusus, et quarto quod in nostris scriptis notari tamquam contrariis videamur. Verum prenominatus honorabilis vir, M. JOHANNES WISE, in plena congregatione tocius universitatis per scripta notarii publici ex actis huiusmodi cause docuit luculenter, quod de anno domini 1443 die undecima mensis Julii [11. Juli 1443] in presentia dominorum assessorum prenominatus magister JOHANNES WIESE, tunc temporis rector universitatis, NICOLAO WINTER sepenominato duxit prefigendum prefixit et assignavit spacium octo dierum pro omnibus dilationibus, summatim sine figura et strepitu judicii juxta nostre universitatis statuta procedendo, ad probandum, quod ERASMUS ROGKEN aut eius uxor dedisset NICOLAO WINTER pannum jopule, super quo contendebatur inter dictos NICOLAUM et ERASMUM, actorem et reum, coram domino rectore tunc antedicto. [Termino]¹) vero adveniente NICOLAUS WINTER non comparuit neque iuxta recessum ultimum intentionem suam probavit. Quare tunc dominus rector in quattuor florenis et quinque grossis et in expensis de consensu dominorum judicialium primo²), et ex post de pleno consilio universitatis [18. Juli 1443] predictum NICOLAUM WINTER condempnavit, non obstante frivola quadam appellatione, per dictum NICOLAUM WINTER interposita ad dominos de consilio universitatis. Ex post vero ipsa die sancti Donati [7. August 1443] in generali congregatione tocius universitatis concludebatur per quattuor nationes, ex quo NICOLAUS WINTER, tribus vicibus monitus in valvis collegiorum et ecclesiarum propter rebellionem multiformem et excessus criminosos, totidemque vicibus ad instantiam ERASMI ROGKEN, curavit minime comparere, quod dominus rector contra prefatum NICOLAUM WINTER tamquam contra rebellem procederet, juxta formam statutorum, ad eiusdem exclusionem. Ob id, premissa nichilominus ex superhabundanti quarta premonitione predictus NICOLAUS WINTER vicesima quinta mensis Augusti [25. August 1443] fuerat exclusus. Liquet igitur, sententiam veram et justam exclusionis de scitu assessorum, judicialium et consiliariorum fulminatam, ac exclusionem eciam ad instantiam ERASMI ROGKEN publice insinuatam, nec nostra predicte exclusionis scripta, per manus FREDERICI RODOLPHI, notarii publici, ingrossata, a prudentibus et personis gravibus in aliquo veridice posse corrigi et notari. Et in huius rei evidentiam clariorem copia exclusionis NIC. WINTER sequitur in hec verba etc. —
(Hier wird der Wortlaut der Exclusion, vgl. 1, 5, inseriert gewesen sein.)

---

1) Man erwartet Termino, aber die Abkürzung ergiebt dieses Wort nicht.

2) Das ist nicht ganz genau; zwischen den Sitzungen vom 11. und 18. Juli lag keine in der Mitte. Oder war das plenum consiliare erst nach dem 18. Juli einberufen?

Enim vero quia vos, venerabilis domine preposite, fines mandati ac
limites cuiusdam rescripti in causa appellationis a quadam sententia diffini-
tiva, non autem ab exclusione, viciosi tamen, ut apparet, in materia et in
forma — de cuius quidem rescripti vitiis, surreptionis et orreptionis et
aliis, venerabilis vir, dominus JOHANNES DE WERDEN, decanus ecclesie Merse-
burgensis, conservator jurium privilegiorum et libertatum nostre universitatis,
quem hoc rescriptum appellationis principaliter contingit, providebit —,
magistros nostre universitatis per impetitionem frivolam molestando, in quos
nullam penitus jurisdictionem habetis, nec ordinariam nec delegatam, rea-
liter excessistis, vestram caritatem suppliciter exhortamur, ut ea, quae in
magistrorum citatorum nostreque universitatis attemptata sunt prejudicium,
faciatis cum effectu secundum juris formam plene et integraliter retractari
per restaurationis super expensis, laboribus et fatigis, pro parte nostra factis
in personis et monumentis[1]), condecens supplementum — alias super nostre
universitatis privilegiorum violatione ac nostrorum magistrorum injusta mo-
lestatione compellemur, utique licet inviti, locis et temporibus congruis
querulari, prout eciam prenominatus magister JOHANNES WISE, sacre theo-
logie baccalarius, confusionem et diffamiam ex litera vestra eidem ascripta
publice ad animum revocavit —, facientes in hiis, venerabilis domine pre-
posite, prout de vestre caritatis constantia fiduciam gerimus singularem.
Date rectoratus sub sigillo, Anno domini 1446. 28. Maij.


## V. Vor dem Präsidenten des Basler Concils.

1. *Basel, 1. Juli 1447.*

*Michael Baldewini citiert die Gegner des Nicolaus Winter vor sein Gericht
nach Basel. (Executiert in Leipzig, den 30. Juli.)*

[A 315ᵇ]  Citatio cum inhibitione.

MICHAEL BALDEWINI, legum doctor, prepositus Tricatenensis, sacrosancte
generalis Basiliensis sinodi causarum et cause ac partibus infra scriptis ab
eadem sinodo judex et commissarius specialiter deputatus, Universis et singulis
dominis abbatibus prioribus prepositis decanis archidiaconis scolasticis can-
toribus custodibus thesaurariis sacristis succentoribus, tam cathedralium quam
collegiatarum canonicis parochialiumque ecclesiarum rectoribus et locotenen-
tibus eorundem, plebanis viceplebanis capplanis, curatis et non curatis,
ceterisque prebyteris clericis notariis et tabellionibus publicis, quibuscunque
per civitates et dioceses Mersseburgensem et Havelbergensem ac aliis ubilibet
constitutis et eorum cuilibet in solidum, ac illi vel illis, ad quem vel ad
quos presentes litere nostre pervenerint[2]), Salutem in domino et mandatis

---

1) Man möchte eher *iumentis* lesen, was doch kaum einen Sinn gewährt.
Oder war das eine juristische Formel?

2 *pervenerunt* Hs.

nostris huiusmodi, ymmoverius dicte sancte synodi, firmiter obedire. Noveritis,
quod nuper synodus ipsa quandam commissionis seu supplicacionis cedulam
nobis per certum suum cursorem presentari fecit, quam nos cum ea, qua
decuit, reverencia recepimus, huismodi sub tenore:

Dignetur reverendissima paternitas vestra causam et causas
nullitatis iniquitatis et injusticie cuiusdam pretense sentencie, per quen-
dam Johannem Wysen, tunc assertum rectorem universitatis studii Lipzensis
Mersseburgensis diocesis, in causa, que tunc coram eo verti pretende-
batur[1]) inter devotum sacri consilii Basiliensis Nicolaum Winter, cleri-
cum dicte Mersseburg. diocesis, in dicti sacri consilii loco presentem,
ex una et quendam Erasmum Rogken et Dorotheam, eius uxorem, de et
super nonnullis pretensis pecuniarum summis rebusqe aliis et in pretensis
actis cause huiusmodi lacius expressis et premissorum occasione partibus
ex altera, in prefatorum Erasmi et Dorothee favorem et contra prefatum
Nicolaum, ut ex adverso pretenditur, taliter qualiter late, necnon omnium
et singulorum pretensorum processuum inde quomodolibet subsecutorum,
nec non causam et causas, quas ipse Nicolaus contra et adversus
predictum Johannem Wysen, Erasmum et Dorotheam nec non quendam
Fredericum Rudeloff, assertum clericum Havelborgensis diocesis, omnesque
alios et singulos, sua quomodolibet interesse putantes, et in execucione
citacionis nominandos, de et super nonnullis injuriis, dicto Nicolao
premissorum pretextu per supradictos adversarios quomodolibet factis et
irrogatis nec non dampnis expensis et interesse premissorum occasione
ac cuiusdam frivoli instrumenti pretextu passis et habitis rebusque aliis
in processu cause et causarum huiusmodi lacius deducendis et specifi-
candis, alicui ex venerabilibus eiusdem sacri consilii causarum judicibus
committere audiendas cognoscendas decidendas et, fine decreto, ter-
minandas, cum omnibus et singulis suis emergentibus incidentibus de-
pendentibus et connexis, cum potestate omnes et singulos supradictos
aliosque quoscunque [sua?] interesse putantes in huius sacri consilii
loco et in partibus, quociens opus fuerit, citandi illisque omnibus et
singulis ac quibuscunque aliis, tam ecclesiasticis quam secularibus, sub
excommunicacione et censuris ecclesiasticis nec non centum marcarum
argenti aliisque formidabilibus[2]), de quibus ipsi judici videbitur, penis
in forma[3]) inibendi, contra venientes et rebelles penas, sentencias et
censuras huiusmodi incidisse declarandi, ac ipsum Nicolaum similiter vel
ad cauthelam, prout opus fuerit, absolvendi aliisque ac alia faciendi, in
et circa premissa quomodolibet necessaria et oportuna, non obstante,
quod causa et cause huiusmodi in hoc sacro consilio forsitan de sui natura
tractande non sint neque finiende, aliisque in contrarium forsan facien-
tibus non obstantibus quibuscunque, attento, reverendissime pater,

---

1) Es steht *presentabatur.*
2) Richtig? Das Wort lässt nur die erste und die Schlusssilbe erkennen.
3) Nur *for* ist gesichert.

quod ipse Nicolaus in partibus contra ipsos adversarios super premissis non sperat se posse consequi justicie complementum.

In fine vero dicte commissionis seu supplicacionis cedule scripta erant de alterius manus litera, superiori litere ipsius cedule penitus et omnino dissimili et diversa, hec verba. videlicet:

Audiat magister Michael Baldwini, citet et inhibeat sub censuris seu preiudicio et execucione rei judicate, et absolvat eciam ad cauthelam ut petitur (?), si et prout de jure et justicia[1]) faciet.

Post cuius quidem commissionis et supplicacionis cedule presentacionem et receptionem nobis et per nos[2]), ut premittitur, factas[3]) fuimus per discretum virum Nicolaum Wixter, clericum Merss. diocesis, principalem, in preinserta nobis facta et presentata commissione principaliter nominatum, coram nobis constitutum, debita cum instancia requisiti, quatenus sibi citacionem legitimam una cum inhibicione, sub censuris ecclesiasticis illi inserta, extra locum dicte synodi et ad partes contra et adversus[4]) quosdam, Johannem Wysen, olim assertum rectorem universitatis studii Lipzensis Mersseburgensis diocesis, Erasmum Rocken et Dorotheam, eiusdem uxorem, dicte diocesis, nec non Fredericum Rydeloff, assertum clericum Havelbergensis diocesis, ex adverso principales, in eadem commissione ex adverso principaliter nominatos, omnesque alios et singulos, sua communiter et divisim interesse putantes, et in execucione citacionis nominandos, iuxta vim, formam et tenorem preinserte commissionis, in forma solita et consweta decernere et concedere dignaremur. Nos igitur, Michael, prepositus et commissarius prefatus, attendentes requisicionem huiusmodi fore justam et consonam racioni, volentesque in causa et causis huiusmodi rite et legitime procedere ac partibus ipsis, dante domino, justiciam ministrare[5]), ut tenemur, Idcirco auctoritate dicte sinodi, (qua fungimur, nobis in hac parte commissa, vos omnes et singulos supradictos et vestrum quemlibet in solidum tenore presencium requirimus et monemus primo secundo tertio et peremptorie, vobis nichilominus et vestrum cuilibet[6]) in virtute sancte obediencie et sub excommunicacionis pena, quam in vos et vestrum quemlibet, canonica monicione premissa, ferimus in hiis scriptis, si ea, que vobis in hac parte committimus et mandamus, neglexeritis seu contempseritis contumaciter adimplere, discrete precidendo mandantes, quatenus in sex dierum spacio[7]), post presentacionem seu notificacionem presencium, vobis seu alteri vestrum factas[8]), et postquam pro parte dicti Nicolai Wixter principalis super hoc fueritis requisiti aut[9]) alter vestrum fuerit requisitus, immediate sequente — quorum sex dierum duos pro primo et duos pro secundo et reliquos duos vobis universis et singulis supradictis pro tertio et peremptorio termino ac monicione canonica assignamus —, ita tamen quod in hiis exequendis unus vestrum alterum non exspectet nec unus pro altero se excuset, prefatos[10])

---

1) *justiciam* Hs.  2) *vos* Hs.  3) *fectis* Hs.
4) *adversos* Hs.  5) *ministrantes* Hs., wie es scheint.
6) *quilibet* Hs.  7) *spacium* Hs.  8) *factis* Hs.
9) *et* Hs.  10) *profatos* Hs.

Jo. WYSEN, ERASMUM ROGKEN, DOROTHEAM eius uxorem et FREDERICUM RUDELOFF, ex adverso principales, omnesque alios et singulos, sua communiter vel divisim interesse putantes et in execucione citacionis nominandos, in eorum propriis personis, si ipsarum presencias commode habere poteritis, alioquin in hospiciis habitacionum suarum, si ad ea tutus pateat accessus, et in parochiali seu parochialibus, sub qua vel sub quibus degunt et morantur, sin autem in cathedralibus Merss. et Havelbergensi ac dictis parochiali seu parochialibus ecclesiis infra missarum et aliorum divinorum solempnia, dum ibidem plebis multitudo ad divina audienda [1]) aut alias [2]) congregata fuerit, aliisve ecclesiis et eciam publicis viis [3]), quando et quociens expediens fuerit, ex parte nostra, ymmo verius dicte sancte sinodi, publice [4]) alta et intelligibili voce peremptorieque citare·curetis, ita quod verisimile sit, citacionem huiusmodi ad indubitatam ipsorum citandorum noticiam devenire, quos nos eciam et eorum quemlibet tenore presencium sic citamus, quatenus tricesima quarta die, post citacionem vestram huiusmodi, per vos seu alterum vestrum eis factam, immediate sequente, si dies ipsa tricesima quarta juridica fuerit et nos, vel alter forsan in terminum loco nostri [5]) surrogandus judex et commissarius, ad jura reddendum [6]) pro tribunali sederimus vel sederit, alioquin proxima die juridica ex tunc immediate sequente, qua nos vel surrogandum predictum Basilee in ambitu conventus fratrum minorum, pro audiencia publica causarum dicte sinodi specialiter deputato, aut alibi, ubi fortasse dicta audiencia publica tenebitur, hora causarum earundem consueta ad jura reddendum et causas audiendum pro tribunali sedere contingeret, compareant in judicio legitime coram nobis vel surrogando predicto per se vel procuratorem seu procuratores suos idoneos, ad causam seu causas huiusmodi sufficienter instructos, cum omnibus et singulis actis et acticatis, literis, scripturis, instrumentis, juribus, processibus et aliis quibuscunque munimentis, causam seu causas huiusmodi tangentibus aut eas quomodolibet concernentibus, prefato NICOLAO WINTER principali vel eius legitimo procuratori de et super omnibus et singulis in dicta nobis facta et presentata commissione contentis de justicia responsuri ac in causa et causis huiusmodi ad omnes et singulos actus gradatim et successive usque ad diffinitivam sentenciam inclusive, debitis et consuetis terminis et dilationibus [7], precedentibus, ut moris est, processuri et procedi visuri, aliasque dicturi facturi audituri allegaturi et recepturi, quod justum fuerit et ordo dictaverit racionis,   Certificantes nihilominus eosdem citatos et eorum quemlibet, quod, sive in dicto citacionis termino, ut premissum est, comparare curaverint seu non, nos nihilominus vel surrogandus prefatus de premissa omnia et singula, ut interfuerit, procedemus seu procedet, dictorum citatorum absencia seu contumacia in aliquo non obstantibus, Et insuper attendentes, quod causa seu cause huiusmodi coram nobis [8]) indecise pendentes vel sit (sic?) in partibus per quemcunque innovande seu attemptande [9]),

---

1) *audiendi* IIs.   2) *aliis* IIs.   3) $\overset{i}{v}$ IIs.   4) *et publ.* IIs.   5) *vestri* IIs.

6) Hier also, auch hinter dem Substantiv, Gerundium, nicht Gerundiv.

7) Die Endung ist nicht gesichert.       8) *cobis* IIs.

9) Hier scheinen beim Umschlagen des Blattes einige Worte ausgefallen zu sein.

Idcirco vobis omnibus et singulis supradictis, quibus presentes nostre literae diriguntur, eadem auctoritate committimus et mandamus, quatenus post legitimam dicte citacionis execucionem reverendis in Christo patribus Merss. et Havelberg., ipsis eorumque cuilibet [1]), ipsorum in spiritualibus vicariis et officialibus generalibus judicibus conmissariis delegatis subdelegatis ordinariis extraordinariis, quacunque auctoritate fungentibus, presertim dictis Johanni Wysen, Erasmo Rogken, Dorothee, eius uxori, et Frederico Rudeloff, ex adverso principalibus, omnibusque aliis et singulis, quorum interest vel intererit quomodolibet in futurum, quibuscunque nominibus censeantur, de quibus pro parte dicti Nicolai Winter principalis super hoc fueritis requisiti, seu alter vestrum fuerit requisitus, communiter et divisim sub excommunicacionis pena, quam ferimus in hiis scriptis quamque quemlibet huiusmodi nostre inhibicionis contravenientes incurrere volumus ipso facto, inhibeatis, quibus eciam tenore presentium [2]) inhibemus, ne ipsi vel eorum alter in causa vel in causis huiusmodi in vilipendium litis pendentis ac interdiccionis nostre, ymmoverius dicte sinodi, contemptum dictique Nicolai Winter principalis prejudicium quidquam per se vel per alium seu alios publice vel occulte directe vel indirecte, quovis quesito colore, attemptare vel innovare presumant seu presumat, Quod si secus factum fuerit, id totum revocare et in statum pristinum reducere ac ad declaracionem et denunciacionem dicte excommunicacionis sentencie, per nos, ut premittitur, late, ac alias graviores penas et sentencias, prout juris fuerit et facti qualitas poposcerit, procedere curabimus justicia mediante. Prefatis vero reverendis patribus, dominis Merss. et Havelberg. episcopis, quibus ob reverenciam suarum pontificalium dignitatum deferimus in hac parte, si contra premissa vel eorum aliqua fecerint per se vel submissas personas, sex dierum canonica monicione premissa, ingressum ecclesie interdicimus in hiis scriptis; Si vero huiusmodi interdictum per alios sex dies prefatos immediate sequentes sustinuerint, ipsos in hiis scriptis sine monicione previa suspendimus a divinis; Verum si prefati interdicti et suspensionis sentencias per alios sex dies, prefatos XII dies immediate sequentes, animis, quod absit, sustinuerint induratis, ipsos in eisdem scriptis, ex nunc prout ex tunc, et ex tunc prout ex nunc, eadem canonica monicione precedente, excommunicacionis sentencia innodamus. Diem vero citacionis et inhibicionis vestrarum huiusmodi atque formam et quicquid in premissis feceritis, nobis per vestras patentes literas aut instrumentum publicum, harum seriem seu designacionem in se continentes seu continens, remissis presentibus, fideliter intimare curetis. Absolucionem vero omnium et singulorum, qui prefatam nostram excommunicacionis sentenciam incurrerint seu incurrerit quoquomodo, nobis vel superiori nostro termino [3]) reservamus. In quorum omnium et singulorum fidem et testimonium premissorum presentes literas seu presens publicum instrumentum, huiusmodi nostram citacionem et inhibicionem sub censuris in se continentes seu continens, exinde fieri et per notarium publicum nostrum et [4]) huiusmodi cause coram nobis scribam in-

---

1) *cuiuslibet* Hs.       2) *presentis* scheint die Hs. zu bieten.

3) Richtig?       4) *que et* Hs.

frascriptum[1]) subscribi et publicari mandavimus, nostrique sigilli jussimus et fecimus appensione communiri.

Datum et actum Basilee in domo habitacionis nostre sub anno a nativitate M°CCCC°XLVII, indiccione decima, die vero sabbato, prima mensis Julii, [*1. Juli 1447*] predicta sacrosancta generali Basiliensi sinodo durante, presentibus ibidem honorabilibus viris, dominis NICOLAO DE HAERT et ARNOLDO BERENDIG, presbyteris Nuebergensis et Paderbornensis diocesium, testibus ad premissa vocatis specialiter et rogatis.

Et ego BARTOLDUS HERWICI de Cruczeberg, clericus Maguntinensis diocesis publicus, apostolica et imperiali auctoritate notarius prefatique venerabilis et circumspecti viri, domini MICHAELIS BALDEWINI preposili, judicis et commissarii, et huiusmodi cause coram eo scriba, quia sic dictarum citatoriarum et inhibitoriarum literarum peticioni et decreto omnibusque aliis et singulis premissis, dum sicut premittitur agerentur et fierent, presens interfui etc.

Nos plebani ecclesiarum sancti Thome apostoli ac sancti Nicolai in Lipczk nomine domini nostri prepositi executi sumus presens mandatum dominica post Jacobi [*30. Juli 1447*], quod protestamur signo execucionis affixo.

2. *Leipzig, den 12. August 1447.*

M. *Joh. Wise und Erasmus Rogke bestellen Procuratoren für das Basler Gericht.*

[A 317ᵇ] Procuratorium.

In nomine domini Amen. Anno a nativitate eiusdem millesimo quadringentesimo quadragesimo septimo, indiccione decima, invictoriosissimo domino, domino FREDERICO Romanorum rege, semper Augusto, feliciter regnante, anno eius octavo, die vero duodecima mensis Augusti [*Sonnabend den 12. August 1447*] hora vesperarum vel quasi in opido Lipczk Merseborgensis diocesis in domo venerabilis viri, domini JOHANNIS SUSIKO, decretorum doctoris, rectoris alme universitatis studii Lipczensis dicte diocesis Merfs., in mei notarii publici testiumque infra scriptorum presencia personaliter constituti, honorabilis vir magister JOHANNES WISE de Rostock, clericus Suerinensis diocesis, providus ERASMUS ROGKE, incola opidi Lipczensis predicti pro se et DOROTHEA, uxore eius legitima, omnibus melioribus modo via jure causa et forma, quibus melius et efficacius potuerunt et debuerunt, *fecerunt* constituerunt creaverunt et solempniter ordinaverunt suos veros certos legitimos et indubitatos *procuratores* actores factores negociorumque suorum gestores ac nunccios speciales et generales, ita tamen quod specialitas generalitati non deroget nec econtra, videlicet honorabilem virum, M. CUNRADUM DRUEN de Magdebork, presentem et onus procuracionis huiusmodi in se sponte suscipientem, nec non venerabilem virum, M. THOMAM RODEN de Magdebork, canonicum ecclesie Basiliensis,

---

1) Gemeint ist natürlich BARTOLD HERWICI.

absentem tamquam presentem, et quemlibet eorum in solidum, ita tamen
quod non sit melior condicio occupantis, sed, quod per unum eorum incep-
tum fuerit, alter eorum id prosequi valeat mediare et finire, *ad prosequendum*
procurandum et pertractandum omnes et singulas causam seu causas, que
vertuntur seu verti sperantur quomodolibet in futurum inter dictos consti-
tuentes ex una et Nicolaum Winter, clericum Merfs. diocesis, ex adverso
principalem, omnesque alios et singulos, sua communiter vel divisim interesse
putantes, partibus ex altera, coram venerabili viro, domino Michahele Balde-
wini, legum doctore, assessore judice sacrosancte sinodi Basiliensis suoque
surrogato aut surrogando aliisque quibuscunque judicibus, ordinariis et extra-
ordinariis, delegatis vel subdelegatis, surrogatis seu surrogandis, deputatis
vel deputandis, datis vel dandis, *nec non pro ipsis constituentibus comparan-*
*dum*, agendum ipsosque et ius eorum defendendum, libellum seu libellos et
quascunque peticiones summarias dandum et recipiendum, dari et recipi
videndum, litem seu lites contestandum et contestari videndum, de calump-
nia vitanda et veritate dicenda juramentum cum omnibus et singulis suis
clausulis et capitulis, jure sub calumpnie juramento contentis, jurandum et
jurari videndum, ponique et articulari videndum, ponendi et articulandi posi-
cionibus et articulis partis adverse respondendum suisque responderi peten-
dum, contra posiciones et articulos partis adverse dicendum et accipiendum,
testes literas instrumenta et quecunque alia probacionum genera producendum
et produci videndum, contra testes eorumque dicta et personas nec non
quecunque ex adverso producenda seu producta dicendum et excipiendum,
replicandum duplicandum triplicandum quadruplicandum, crimina[1]) et de-
fectus opponendum et probandum, declarandum et declarari videndum, con-
cludendum et renunciandum concludique et renunciari videndum, sentenciam
seu sentencias, tam interlocutorias quam diffinitivas, ferri petendum et audien-
dum, ab ea seu eis et a quocunque alio gravamine illato vel inferrendo
provocandum seu appellandum, apostolos semel vel pluries petendum et
recipiendum, appellacionem seu appellaciones prosequendum, intimandum
insinuandum et notificandum, absolucionis beneficium similiter (?)[2]) vel ad
cautelam, nec non restitucionem in integrum principaliter et incidenter et que-
cunque alia juris beneficia nec non quascunque literas apostolicas seu sacrosancte
synodi Basiliensis, graciam seu justiciam in se continentes, impetrandum et obti-
nendum, et impetratis ex adverso contradicendum, expensas dampna et interesse
taxare videndum et super ipsis jurandum, earumque solucionem petendum,
unum vel plures procuratorem vel procuratores loco sui et cuiuslibet eorum
substituendum cuique vel eos revocandum et omnem procuracionem[3]) huius-
modi in se reassumendum, tociens quociens eis vel eorum alteri placuerit
et visum fuerit expedire, et generaliter omnia et singula faciendum geren-
dum dicendum exercendum et procurandum, que in premissis et circa ea
vel eorum quodlibet necessaria fuerint seu eciam quomodolibet oportuna, et

---

1) Es scheint deutlich *carmina* dazustehen.   Vgl. S. 56.

2) Sehr abgekürzt, vielleicht nicht sicher.

3) *omnis procuracionis* Hs.

que ipsimet constituentes facerent seu facere possent, si premissis presentes
et personaliter interessent, eciam si talia forent[1]), que mandatum magis
exigerent speciale, et maiora essent expressatis, *Promittentes* insuper michi
notario publico infrascripto tamquam publice et auctentice persone, solemp-
niter stipulantes et recipientes manu[2]), vice et nomine omniumque[3]) singu-
lorum, quorum interest vel interesse poterit quomodolibet in futurum, se
gratum ratum atque firmum perpetue habituros totum id et quidquid per
suos procuratores et eorum quemlibet ac substitutos ab eisdem actum factum
dictum gestum procuratumve fuerit in premissis et aliquo premissorum, *Re-
levantes*[4]) nichilominus et relevare[4]) volentes eosdem[5]) suos procuratores ac
substitutos vel substituendos ab eisdem ab omni onere satis dandum[6]) judicio
sisti, judicatum solvi cum omnibus et singulis suis clausulis necessariis et
oportunis sub ypoteca et obligatione omnium bonorum suorum presencium et
futurorum, *Protestantes* eciam iidem constituentes, quod, per quemcunque actum
seu quamcunque comparacionem, quem seu quam ipsos seu alterum ipsorum
in judicio seu extra facere contingeret, non intendit[7]) propterea dictos suos
procuratores constitutos, ac eciam substituendos ab eisdem, in aliquo revo-
care, nisi de revocacione ipsa specialem et expressam fecerint[8]) mencionem.
Super quibus omnibus et singulis premissis prefati constituentes me notarium
publicum infrascriptum debita cum instancia requisierunt, ut ipsis et uni-
cuique ipsorum de premissis unum vel plura publicum seu publica confice-
rem instrumentum vel instrumenta. Acta sunt hec anno indiccione die
mense hora loco et aliis quibus supra, presentibus ibidem ANDREA JUNGE de
Wittebarg, clerico Brandenborgensis diocesis, et NICOLAO PIRWEN de Gronen-
berg, clerico Wratislawiensis diocesis, testibus ad premissa[9]) vocatis rogatis
debiteque requisitis.

Et ego PETRUS SEHUSEN de Lipczk, clericus Mers. diocesis, publicus sacra
imperiali auctoritate notarius, quia predictorum procuratorum constitucioni et
ordinacioni omnibusque aliis et singulis, dum sicut premittitur fierent et
agerentur, una cum prenominatis testibus presens interfui eaque sic fieri
vidi et audivi, Ideoque hoc presens publicum instrumentum, per alium, me
aliis prepedito negotiis, fideliter conscriptum, exinde confeci, publicavi et in
hanc publicam formam redegi, quam sigillo, nomine et cognomine meis
solitis et consuetis consignavi, in fidem et evidens testimonium omnium et
singulorum premissorum vocatus, rogatus pariterque requisitus.

---

1) Anfangs *fuerint* geschrieben, *forent* vom Corrector darüber gesetzt.

2) *manu* ist deutlich geschrieben, die Endungen der Participia könnten auch
andere sein. 3) *que* für *et.*

4) *Revelantes* und *revelare* Hs. 5) *eiusdem* Hs.

6) Die Schrift ist deutlich, aber wohl ein Fehler vorhanden, etwa *satisdandi,
sistendi, solvendi?* Aber vgl. auch die Formeln auf S. 56.

7) Man sollte *intendunt* erwarten.

8) Es steht *fecerunt.*

9) Für *ad pr.* hat die Hs. *premissis.*

*Eine Notiz in A 318ᵇ giebt an:*

Procurator Ni Winter fuit Albertus Scheffel.

### 3. *Merseburg, den 11. August 1447.*

*Der Bischof zeigt der Universität an, dass er sich für den Papst Nicolaus V. entschieden habe* [1].

[A 32ᵃ] Venerabilibus viris, dominis rectori, magistris et doctoribus alme universitatis studii Lipczensis, amicis nostris sinceriter dilectis, JOHANNES dei gracia Episcopus ecclesie Mersseburgensis.

Sincera salutatione premissa: Venerabiles amici dilecti. Accepimus literas vestras continentes, quod quidam NICOLAUS WINTER de Lipczk, in artibus baccalarius, Magistrum JOHANNEM WYSEN et FREDERICUM RADELOFF, vestre universitatis supposita, occasione quarundam causarum, universitatem vestram, ut arbitramini, tangentium, ad Basileam procuravit citari, et, prout in vestris scriptis eisdem narratis, ex relatu intellexisse, nos pro sanctissimo domino nostro, domino NICOLAO papa moderno, declarasse, ac desideratis in hac parte vobis impartiri consilia nostra pro redimendis vexationibus etc. Credimus, quod dudum sane intellexistis, quod, sicut altissimo placuit, principes tam spirituales quam seculares, cooperante spiritus sancti gracia, in magna multitudine sunt redacti ad obedienciam memorati sanctissimi domini nostri. Ita reverendissimus in Christo pater et dominus noster, dominus FREDERICUS, archiepiscopus Magdeburgensis ac primas Germaniae, qui noster metropolitanus existit, se cum suo clero pro dicto domino nostro papa NICOLAO declaravit. Demum nos cum aliis prelatis dicte provincie maturas deliberationes habuimus, tandemque, consideratis considerandis, pro salute animarum nostrorum subditorum ac propria similiter cum reverendo in Christo patre et domino, domino Petro, episcopo Numburgensi, duximus nos declarandum [2] ad obedienciam dicti sanctissimi domini nostri pape NICOLAI. Et ad presens scribimus domino preposito monasterii sancti Thome Lipczensis [3], quod nullas literas peregrinas tam Felicis in sua obediencia nominati quam illorum, qui sunt in Basilea, peramplius recipere debeat seu exequi sive executioni facere demandari per se vel suos plebanos et divinorum rectores. De hoc vos et vestros subditos sive vestra membra aut supposita avisamus. Datum Merseburg feria sexta post festum sancti Laurentii [*11. August 1447*] nostro sub sigillo, Anno etc. XL septimo.

---

1) Gedruckt zuerst bei COCHLÄUS, Histor. Hussitarum IX, 347. Dann bei STÜBEL, Urkundenbuch der Universität Leipzig No. 96, S. 112, wo aber fälschlich der *15. August* als Datum angegeben wird. Einige Textbesserungen (*arbitramini, narratis*) stammen aus dem Abdruck bei COCHLÄUS.   2) Endung nicht sicher.

3) Bei POSERN-KLETT im Urkundenbuch der Stadt Leipzig, II, No. 227. S. 254.

4. *Basel, 1447, undatiert [Anfang September?].*

*Der Procurator Conr. Duve trägt beim Präsidenten des Concils darauf an, die Sache an sich zu ziehen und dem judex loci zurückzugeben, auch für Execution derselben Sorge zu tragen.*

[A 318ᵇ] Supplicacio porrecta per magistrum CONRADUM DUVEN in Basilea in causa WINTER coram reverendissimo in Christo patre ac domino, domino BERNHARDO, presbytero cardinali tituli quatuor coronatorum, Aquensi volgariter nuncupato, pro tunc presidenti in sacro Basiliensi concilio, pro commissione ad partes nec non confirmacione sentencie optinenda [1].

Reverendissime Pater. Cum cause, presertim prophane, in partibus sint tractande, ubi est distancia a curia ultra quatuor dietas, prout in decretis de causis tractandis [2] lacius continetur, *nichilominus* ad instanciam cuiusdam NICOLAI WINTER, asserti clerici Mersseburgensis diocesis, contra honorabilem virum, magistrum JOHANNEM WISEN, olim rectorem universitatis studii Lypczensis dicte Merssb. diocesis, occasione cuiusdam sentencie, per eundem magistrum JOHANNEM, dum officio rectoris [3] dicte universitatis prefuit, in causa, que tunc coram eo inter dictum NICOLAUM, pro tunc suppositum et membrum eiusdem universitatis, ex una et ERASMUM ROGGEN et DOROTHEAM, eius uxorem, de et super certis pecuniarum summis rebusque aliis in actis cause huiusmodi lacius expressis et illorum occasione partibus ex altera vertebatur, contra dictum NICOLAUM late, que in rem transivit judicatam, *cause* nullitatis iniquitatis et injusticie dicte sentencie nec non dampnorum injuriarum expensarum et interesse, quas propterea dictus NICOLAUS contra predictos ac FREDERICUM RADELOFF aliosque, sua interesse putantes et in execucione citacionis nominandos, movet seu movere intendit de facto, venerabili viro, domino MICHAELI BALDEWINI, *pretenduntur* [4] *commisse*, qui ad nonnullos actus in causa huiusmodi dicitur similiter de facto et contra decretum de causis processisse. Pro tanto dignetur e. v. p. [5] omnes et singulas causas huiusmodi et alias, qualitercunque ad instanciam dicti NICOLAI ubilibet contra supradictos conjunctim vel divisim commissas et pendentes indecise, ad se advocare easque sic advocatas in partibus ordinario loci vel eius vicario Merseburgensi committere resumendas audiendas et fine debito terminandas cum omnibus et singulis suis emergentibus, incidentibus, dependentibus et connexis, cum [6] potestate, dictam sentenciam olim rectoris dicte universitatis eciam sub censuris ecclesiasticis et quoad expensas et condempnata, rejectis nullitatibus, dummodo ex defectu jurisdictionis non proveniant, in forma exequendi usque ad auxilium brachii secularis inclusive, cum clausulis necessariis, et non obstantibus

---

1) Das Folgende ist offenbar nur ein Auszug aus dem Briefe, der nur das dem Inhalte nach Wesentliche umfasst.

2) Damit gemeint ist der Basler Beschluss vom *25. Januar 1438,* der dann in die Sanctio pragmatica vom *26. März 1439* übergegangen war.

3) *rectorie* Hs., richtig? 4) Sehr abgekürzt; sicher? 5) *excellentissima cestra paternitas?* Fehlt zu *pro tanto* etwas? oder ist *propterea* zu lesen? 6) *ac* Hs.

oportunis premissorum occasione statis huiusmodi, presentes habendo[1]) pro sufficienter expressis.

## 5. *Basel, den 19. September 1447.*

*Bulle des Basler Concils, die Sache an den Bischof von Merseburg ver-
weisend und Nic. Winter vollkommen preisgebend.*

[A 348 ᵇ B 248 ᵇ)] Bulla sacrosancte generalis sinodi Basiliensis per suppli-
cacionem superius positam impetrata.

Sacrosancta generalis sinodus Basiliensis, in spiritu sancto legitime
congregata, universalem ecclesiam representans, Venerabili episcopo Merse-
burgensi salutem et omnipotentis dei benedictionem. Honestis supplicum
votis, illis presertim, que ordinacionibus et decretis per nos proinde editis
inherere noscuntur, libenter annuimus eaque favoribus prosequimur oportunis.
Exhibita siquidem nobis nuper pro parte dilecti ecclesie filii, ERASMI ROGGEN
laici, ac dilecte ecclesie filie DOROTHEE, eius uxoris, Merss. diocesis, peticio
continebat, quod, cum olim *ipsi* dilectum ecclesie *filium* NICOLAUM WINTER,
clericum dicte diocesis, scolarem universitatis studii Lipczensis, Merseburgensis[2])
diocesis, ac in eadem universitate tunc studentem, qui eisdem ERASMO et
DOROTHEE quasdam pecuniarum summas et res alias tunc expressas ex causis
eciam tunc expressis dare et solvere legitime tenebatur, *petendo*, ipsum
condempnari et compelli ad solvendum pecuniarum summas nec non dandum
ipsis res alias huiusmodi, coram dilecto ecclesie filio JOHANNE WISEN, clerico,
baccalario in theologia, tunc rectore dicte universitatis — cum ad rectorem
universitatis huiusmodi protempore existentem cognicio causarum quarumlibet,
que inter scolares in eadem universitate studentes et contra eos moventur,
pro tempore pertinere dinoscitur — *traxissent in causam*, Idem JOHANNES
rector, in eadem causa rite procedens, diffinitivam pro ERASMO et DOROTHEA
predictis et contra prefatum NICOLAUM sentenciam promulgavit, eundem NICO-
LAUM in expensis, coram ipso JOHANNE per dictos ERASMUM et DOROTHEAM in
huiusmodi causa legitime factis, nichilominus condempnando, illarum taxacione
sibi in posterum reservata, Et, postquam sentencia huiusmodi in rem trans-
ivisset judicatam, prefatus NICOLAUS, illam nullam iniquam et injustam fore
falso asserens, nullitatis iniquitatis et injusticie[3]) dicte sentencie, nec non
illas, quas contra JOHANNEM et ERASMUM ac DOROTHEAM predictos ac dilectum
ecclesie filium FRIDERICUM RADELOFF, clericum dicte Merseburgensis diocesis,
et quosvis alios, sua in premissis interesse putantes, super dampnis iniuriis
expensis et interesse, per ipsum NICOLAUM occasione premissorum susceptis,
habitis et passis, movere proponebat, causas, dilecto ecclesie filio MICHAELI
BALDEWINI, preposito ecclesie Tricastinensis (?), legum doctori, causarum audi-
encie nostre judici, sub certis modo et forma, auctoritate nostra, committi

---

[1]) Die Endung der beiden letzten Worte unsicher.

[2]) Anfangs war geschrieben *Misnensis*, wie auch B allein hat. Es scheint
also die Bulle wirklich diesen Fehler gemacht zu haben.

[3]) Hierzu gehört das folgende *causas*, wie ebenso zu *illas*; dazu dann *audiendas* etc.

obtinuit[1]) audiendas et eciam fine debito terminandas, ipseque MICHAEL. in causis huiusmodi ad nonnullos actus, citra tamen conclusionem, inter partes ipsas dicitur processisse. Cum autem nos dudum inter alia statuerimus et ordinaverimus, in partibus ultra quatuor dietas a Romana curia distantibus omnes et singulas causas, certis dumtaxat exceptis, in ipsis partibus terminari et finiri debere, et, sicut eadem peticio subjungebat exponendo[2]). predicte nedum per quatuor verum longe per plures dietas a loco congregacionis nostre distant, ac de meritis[3]) causarum huiusmodi, que prophane sunt et de exceptis, ut prefertur, non existunt, melius et commodius ac cum minoribus parcium hincinde laboribus et expensis, quam apud nos Basilee, constare poterit, Pro parte ERASMI et DOROTHEE ac FREDERICI et JOHANNIS predictorum nobis fuit humiliter supplicatum, ut causas predictas ab eodem MICHAELE et aliis quibuscunque judicibus, forsan per nos vel nostra auctoritate deputatis, ad nos advocare illasque alicui probo in dictis partibus audiendas et fine debito terminandas committere ac alias eis in premissis optime[4]) providere dignaremur. Nos igitur, huiusmodi supplicacionibus inclinati, causas ipsas ad nos harum serie literarum advocantes, circumspeccioni tue per hec scripta mandamus, quatenus, vocatis dicto NICOLAO et aliis, qui fuerint evocandi, causas predictas in eo statu, in quo ultimo coram prefato MICHAELE indecise remanserunt, auctoritate nostra resumens, illas cum omnibus suis emergentibus incidentibus dependentibus et connexis ulterius audias et, appellacione remota, usuris cessantibus, debito fine decidas, faciens, quod decreveris, per censuram ecclesiasticam firmiter observari. Testes autem, qui fuerint nominati, si se gracia odio vel timore subtraxerint, censura simili, appellacione cessante, compellas veritati testimonium perhibere, et nichilominus sentenciam predictam, si illam per eventum litis huiusmodi rite et juste latam fore repereris, et ab ea legitime appellatum non fuerit, per te vel alium seu alios, ubi quando et quociens expedire videris, auctoritate nostra sollempniter publicare facias, eisdem ERASMO et DOROTHEE de pecuniarum summis et rebus aliis huiusmodi juxta tenorem dicte sentencie nec non de expensis, in quibus ipse NICOLAUS, ut prefertur. condempnatus existit, si ille debite ac provida moderacione taxate fuerint, plenam et debitam satisfaccionem impendi, et nichilominus, legittimis super hiis per te habendis servatis processibus, eos, quociens expedierit, aggravare procures, contradictores per censuram ecclesiasticam, appellacione postposita, compescendo, invocato ad hoc, si opus fuerit, auxilio brachii secularis, Non obstantibus premissis contrariis quibuscunque, aut si dicto NICOLAO seu quibusvis aliis, communiter vel divisim, a sede apostolica vel alias indultum existat, quod interdici, suspendi vel excommunicari non possint, per literas non facientes plenam et expressam ac de verbo ad verbum de indulto huiusmodi mencionem. Datum Basilee,

---

1) Natürlich ist NICOLAUS Subject.

2) *exponentes* Hs.　　　　　3) Sollte es nicht *materiis* heissen müssen?

4' Durch einen Strich durch das *p* ist in A hieraus, doch wohl fälschlich, *oportune* gemacht.

XIII. kal. Octobr., anno a nativitate domini millesimo quadringentesimo quadragesimo septimo [19. September 1447].

Michael Galteri        Jo. Dinslaken            Almas Silvecan, Jo.
    Jo. Lindeman            Ernestus            Pe de Comart Finart (Smart?)
                                                pro Jo. Peregallo.

6. *Leipzig, den 9. Februar 1448.*

*Nic. Winter bietet der Universität ein Vergleichsverfahren an.*

[A 319ᵇ] Honorabili ac viro scientifico, domino rectori studii alme universitatis Liptzen., promotori suo specialissimo.

Amicabili salutacione premissa, Venerabilis domine rector ac magistri mei reverendissimi, noveritis nullitatem cuiusdam false sentencie ac pretextu falso instrumenti, quod omnino publicum et notorium est, ut luculenter ex tenore eodem patet. Jam ob peticionem amicorum et parentum meorum habebitis me pronum ad audiendum et videndum, an predicta sentencia possit judicialiter seu amice componi, ne posteriora fierent peiora prioribus. Eciam ratione predicti falsi instrumenti et vagis latoribus intellexi, me fore excommunicatum ac singulis diebus denunciatum, ubi gravor et est contra jus naturale. Ex quo dominus decanus (!) scivit instrumentum surrepticium et orrepticium, nichilominus sentenciam promulgavit perperam et iniquam. Quare humiliter peto, reverendissimi magistri mei, quatenus velitis adhuc compellere magistrum Johannem, Fredericum Radeloff et Erasmum Rogken ad satisfaciendum, cum possime per eos deceptus sum ex commissione sacri generalis concilii, ut bene scitis. Volo stare scienter in dictamine tam judicialium quam assessorum ac aliorum studentium: si quis . . . .[1] in proposicionibus et querimoniis meis sentiret me injustum et debilem, omnino renunciare volo; si autem justum et ydoneum, quod eciam fiet michi emenda realis et condigna ad vitandum maiores labores et expensas, cum nequaquam volo injustificari. Quidquid modo placuerit, peto pro responsione cum nuncio presente. Datum meo sub sige feria sexta post Esto mihi [*Freitag, den 9. Februar 1448*].

Nicolaus Winter de Rg (?) bacc.
ac membrum studii Erffordensis[2].

----

1) Es scheint *juxta* mit übergeschriebenem *in* zu stehen.

2) Zur Seite steht von der Hand des Joh. Wise: *Eodem die fuit litera rectori presentata, igitur scripta fuit in Lipczk.*

## VI. Wieder vor dem Fehmgerichte.

1. [*Freienhagen*] *1448, den 9. Mai.*

*Manegolt Freigraf citiert den Erasmus Rogke zum 1. Juli 1448.*

[A 320ª] Wisse, Asmus, dat hute vff datum disses briffes vor mich komen is Nicolaus Winter bace. tho dem fryen haghen vnder der linden vor deme frien stule an de koninklike dynkstede, dar ik sat in ghegheheden richte, in ghespanner bank, vnnd heft my ghar zwarliken ouer dik gheclaghet zulke claghe, de dy antret ghar hoch, dyn liff vnnd dyne hoghesten ere etc. Hyr vmme zo ghebede ik dy van keyzerlike walt vnnd macht vnde mynes frien ambachtes, dat ik hebbe van koninghen vnnd keyzeren, dat du disseme ghuden bace. Winter dust, wat du em plichtlich bust tho dunde van ere vnnd van rechte, bynen vertegen daghe na ansichte mynes briffes up gheleghen stede vnnd velich etc. Wirz sagke, dat du des nicht en dedist, dar god vor sy, zo schalt du weten, dat ik dy leghe in dissen suluen breue eynen richtes dach tho dem fryenhagen vnder der lynden vor den fryenstule an eyn apenbor gherichte upp den neghesten mandach na Petri vnnd Pauli [*Montag, den 1. Juli 1448*] tho rechten richtes daghe vnnd vorantwardest dar dyn liff vnnd dyn hoghesten ere, wor vmme de vorgenante Nicolae Winter dy tho sprekende heft edder wen he vor eyn procuratoren zettende wert etc. Bleueste ouer vte vnnd en sulke aue slughest vnnd nicht endedist, zo mut ik ouer dik richten algo ouer eynen vnwetende man, vnnd wil ok denne ghebeden allen fryen schepen, wor ze dik betreden, dat ze schullen dy dyn recht doen etc. Kendist du dik huden vor sulken zwaren richten, dat were got vor dy; dar wete dy na tho richtende. Gheuen vnder myneme inghezegel an dem neghesten donnerdaghe vor pinxten [*Donnerstag, den 9. Mai 1448*].

Manegolt, frygreue des hilghen Romesken rykes vnde mynes gnedeghen heren van Hessen.

An Erasmum Rogken kremer
wanhaftig tho Lytzk.

2. *Freienhagen, [wohl auch 9. Mai 1448].*

*Warnungsbrief des Freigrafen Manegold an die Mitglieder der Universität.*

A 320ª° Den werdigen vnnd weifsen, rector doctores vnnd meystere der vniuersiteten zeu Lipczk, vnfseren besunderen liben heren vnnd vorderern.

Vnsern fruntlichen grufs zeuvor. Er rector, doctores, meystere, wirdigen liben heren! wir thûn uch wissen, daz in vnfsern gehegeden vorslosen dinghstûl komen ist Nicolae Winter etc. mit harten irschreglichen sweren clagen, antreffende lip ere vnd gut, nemelichen falfser briffe, alz wir vornemen, uch wol bewust, dy danne Johan Weysse, ezu der czyd en rector vnnd vorweser, obir en gegebin hat, vnd sulcher falfser briffe no gebruchet had Erasmus Rogken, uwer mitstudente, alz wider got ere vnd recht, vnd des van uch allen eyne czustatunge vnd vorderunge wol czwey iar ader lenger gehabit hat, so daz her im lande noch ufswendig in geistlichen gerichte nicht hat mogen zcu rechte komen etc. vilmalfs sich gein uch vorschrebin betlichen vmc eynen richter bynnen landen, daz om allis gewegirt ist, meynende vmmoglichen sy eyn sulchen zcnuorhengen etc., Bethen wir vnd vormanen uch uwer eyde vnd conciencien von keyfserlicher macht, ir wollet dy obgnantin uwer mitstudenten dor czu halden, daz sy Nicolae Winter vor sulche falze briffe, hoen, smaheyt vnnd lesteronge genug thûn sunder allen vorczug von angesichte disses briffes bynnen acht tagen. Wordet ir aber dissen gelimppen vfsslahen vnnd dissen schriften nicht zo nachkommen, do got vor sy, so thun wir dem gnantin Nicolao Winter wolle bystand, nach alle vnfer macht vnd moge, kegin vnnd weder alle ghene, dy sulche falfsheyt vor stete gehalden ader wy sy dy gefordert haben, in worthen ader wergken etc. Denne wir is durch got, recht vnnd von vnfses amechtis wegen vortragin nicht gesin mogen. Gegebin czun Fryhenhagen[1] vnder vnferm ingefs.

Manegolt frygreue des heyligen Romischzen riches vnnd myns gnedigen heren von Hessen.

2ª. Litera concepta per ordinarium directa domino duci Saxonie.

Der Brief fehlt; Seite frei geblieben.

### 3. Freienhagen, 21. Juni 1448.

*Manegold meldet dem Kurfürsten von Sachsen, dass er von der Betreibung der Angelegenheit absehe.*

[A 321ª] Dem hocheborn irluchteden furstin vnde heren hern Frederiche herczogin zu Sasschsin, lantgraffen in Dorngen vnd margraffen zu Missen, mynen gnedigen vnnd liben heren.

Hocheborne irluchtede furste vnnd here, gnedigher vnde libe here, myn vndertaniger schuldiger williger dinst sy iweren forstlighen gnaden nu vnnd alle ziden vor an bereyt. Gnediger vnnd liber here, so iwere gnade dem hocheborn fursten vnnd heren, mynen gnedigen vnnd liben van Hessen, geschreuet hat, wi daz ich solle geheyscheyt haben dy werdigen rectores doctores vnnd magistraten der gantzen vniuersiteten iwer gnaden hoeschole zu Libiezk zun fryenhagen etc. van eynes wegn gnant Niclaus Wynter, nochdem dan iwer briff, den [ir?] gnanten mynen [heren?] ghescreben hait, myt me worten ynne heldet[2]), Alzo hayt myr de gnante myn here van Hessen geschreuen, daz ich de sache vor vwer gnade wise, dem ich den also williglich gerne thun wil. Wan de eleger kumpt, vnnd[3]) iwe gnade wolle een alzo

---

1) Freienhagen liegt südlich von Arolsen.

2) Der Brief des Kurfürsten wird den wesentlichen Inhalt des Briefes Manegold's an die Universität enthalten haben.

3) Steht überflüssig.

dan [1] bewaren myt geleyde [2] vnnd felicheyt, daz he vngeferlich gesichert
sy. Vnde hir vmme so stelle ich myne forderinghe . . . [3] gans vnde fullen-
komen abe, nach der sache nicht me croddin [4]). Vnnd wafs ich iwer gnade
her zu willen gesyn mach, hayt myr uwer gnade alle zig zu gebeten. Ge-
screben vnder mynen inge. anno etc. XL octavo, ipso die Albani [21. Juni 1448].

MAXEGOLT, Frigreffe zun Frienhagen, des hilgen Romischen richis
vnnd mynes gnedigen heren van Hessin etc.

## VII. Vor dem kurfürstlichen Hofgerichte.

1. *Cassel, den 16. Mai 1448.*
*Brief der Räthe des Fürsten von Hessen, für Nic. Winter bei der*
*Universität intervenierend.*

[A 320ᵃ] Den werdigen vnd erbarn rectori vnd der vniuersitet des studii
zu Lipzce, vnseren lieben heren vnd frunden.

Vnser fruntlichen willigen dienste zuuor. Werdige vnd erbarn lieben
heren vnnd frunde, vns hat itzt berichtet diefs geinwertiger NICOLAUS WINTER, daz
er mit etzlichen dar zu Libiciz zu thunde habe vmme sache, der er dan
mit den bisher nicht habe [5]) mugen zu vfstrage komen, als sich billiche ge-
boret hatte, als ir daz an ime selbs wol horen. werdet. Hir vmme wir [6])
uch gutlich bitden, ir willet dem selben NICOLAO darzu forderlich sin, daz
er solicher sache noch zu vfstrage kummen muge vnde darinne nicht vor
kortzet werde, vnde en hir an vnser gutlichen bete geniffen lassen, daz
wil wir em gherne helffen vordenen. Gebin zu Cassel vff duonerstag nach
dem heiligen phingstage [16. Mai 1448] vnder ingefigel vnfers gned. heren
van Hessen, des wir hirzu gebrughen. Anno etc. XLVIIIᵒ.

von vns, den Reten vnfers gned. heren van Hessen,
die itzund hir by eyn sin.

2. *Cassel, den 2. Juli 1448.*
*Gesuch des Nic. Winter an den Kurfürsten Friedrich von Sachsen, seinen*
*Schutz anrufend.*

[A 321ᵇ] Dem durluchtigisten hochgeboren fursten vnd heren heren
FREDERICHE, herczoghen czu Sachsen, lantgrauen in Doringen
vnnd margrauen czu Missen, mynem gnedighen liben heren.

Hochgeboren furste, gnedigher lieber her, mynen steden willigen denst
czu vorn. Also mich der hochgeborne furste, lantgraue LUDEWICH czu Hessin,
muntlichen vnderrichtet hath, myne gerechtikeyth czu uwern furstlichen
gnaden czu nemen vnde czu gebin, defs ich uwern furstlichen gnaden wol

---

1) *dm* Hs.    2) *gleye* Hs.

3) Eine mir unbekannte Abkürzung *igt*, etwa *iwer gnaden?*

4) sich gerichtlich kümmern um, vgl. SCHILLER-LÜBBEN s. v. *Kroden*; etwa
*mach* statt *nach?*    5) *haben* Hs.    6) *ir* Hs.

czu truwe, myr eyn recht richter czu syn, adir czu setzin in uwern lande;
vnde clage uwern furstlichen gnaden, dafs ich von eynem pfaffensone, gnant
ERASMUS ROGKE, noch ny kunde czu rechte komen, noch geistlich noch werth-
lich, wen dafs studium vortedinget on vor eynen studenten, wen her doch
X jar elich ist gewesen ader lenger mid eyner wetwen, vnnd nereth sich
kremerie vnde vorwerkes, vnde meyne vnmogelich czu syn, dafs man on
vortedinge vor eynen studenten, wan on keyn hantwerk nicht uff nymmet
in ore ynnunge noch keyne stad czu eynem borgher. Hir vmb bethe ich
uwer forstliche gnade, myne gherechtikeyt gutlich czu vornemen dorch des
gotlichen rechtes willen, wan der guante ERASMUS ROGKE, eyn pfaffensone,
mich swerlichen hath vorbracht myth eynem vntuchtiklichen instrumente,
dafs ich doch meyne nicht czu syne, vnd hoffe des wol czu vulkommen vor
uwern forstlichen gnaden, adir, wu defs noeth syn werd; vnnd bethe uwer
forstliche gnaden, dafs sy mich vnder oren schulz neme vnnd vortedinge
mich vor sulchem vnrechte. Dafs wil ich uwern forstlichen gnaden ewick-
lichen dancken, wan ich der uwer byn, eyns borgers sone czu Lipczk, vnde
bethe uwer forstliche gnade vmb eynen bescheden richtistag vnd eyn sicher
gleythe uff vnd abe IV wochin vor dem tage des gerichtes vn IV dar nach,
vii begere uwer bescriben antword. Geben czu Cassel vnder mynem inge.
visitacionis Marie [2. Juli 1448].

### 3. Cassel, den 4. Juli 1448.

*Schreiben des Fürsten Ludwig von Hessen an den Kurfürsten Friedrich
von Sachsen, für Nic. Winter intervenierend.*

[A 321ª]   Dem hoegheborn vorsten, heren FREDERICH, hertoghe tho Sassen,
lantgrauen in Doringh vnde markgraue tho Myfsen, vnseren
leuen swager.

LODEWIG, van gates gnaden lantgraue tho Hessen, vnseren fruntliken
denst vnde wafs wyr liebes vnn gutes vermogen zeu vorn. Hochgeborn
furste, lieber swagher! alfs uwer liebe vns vormalfs gescreben vnde begherth
han mith vnseren frigrebin czu bestellin, dafs der dy forderunge defs frien
gerichtes, alz er von wegin eynes gnant NICOLAUS WINTER wedder dy vniuer-
siteten vnnd etlich andir czu Lipczk angehoben hetthe, abe stellen vnnd di
sache vor uch wysen wolte, daz deon defs malz auch allefs alzo geschehen
ist: Also ist nu der gnante NICOLAUS bi vns gewest vnnd had vnfs berichten
lafsen, wy dafs er sedder vor dafs fry gerichte kommen sy, in meynunge
syne gerechtikeyt czu forderen geyn eynen gnant ERASMUS ROGGKE, da selbist
czu Lipczk wonaftig, vnnd nicht wedder dy vniuersiteten, uff den er auch
reyde syne sache an geistlichen richte erwunnen habe, dar vmb er dan vor-
drang sy worden. Hir vmb wyr uwir liebe guthlich bitten, ir wollet czwu-
schin dem selben NICOLAO vnde ERASMUS vmb sulche ire sachen vnd gebrechen
noch vorhoren, vnd sy dan auch dar vmb nach rechte scheiden lafsen vnd
thnen bestellin, dafs NICOLAO vullenezogen vnnd gehaltin werde, wafs billich
sy, vnnd man in dar vmb vordir nicht vordrange, vnnd dafs ouch uwer libe
ym geleythe geben wolte, dar mitthe er vorward sy dar by czu kommen

vnde dy sache alzo mit dem egnanten Erasmus ufsczutragen. Vnnd uwer liebe wollen sich hir inne vmb vnfer bethe willen geyn ym ezum bestin erczeighen, uff dafs ym dar vmb ander forderunge nicht noeth syn dorffe; dafs wolle wir gherne vordynen. Geben czu Cassel uff dunnerstag nach vnser liben frawen tag visitacionis, vnder vnserem inge anno etc. XLVIII. [*Donnerstag, 4. Juli 1448.*]

4. *Rochlitz, den 13. Juli 1448.*

*Kurfürst Friedrich, dem Rector die Briefe sub 2 und 3 übersendend, bestimmt einen Hofgerichtstag auf den 27. August.*

[A 321ᵇ] Friderich, von gotis gnaden herczog czu Sachsen, lantgraue in Doringen vnde marggraue czu Missen etc. Den wirdigen rectori vnde meistern vnser hoen schulen vnde dem rathe czu Lipczk, vnsern lieben andechtigen vnn getruwen, vnseren gruefs czu vorn. Wirdigen lieben andechtigen vnd getruwen, disse ingeslossen bryue haben vnfs der hochgeborn furste, vnser lieber swager, her Ludwig, lantgraff czu Hessin, vnde Nicl. Winter gesand, dy ir wol werdet vornemen. Dar uff wir dan dem selbigen Nicolao eynen tag uff dinstag noch Bartholomei [27. August 1448] schirst in vnfsern hoff gesatz, ym ouch vnser frie sicher gleyth von datum vnfsers breues czu sulchem tage, daruff widder dannen, vnd IV wochen dar nach, czu gescriben vn gegeben haben, von uch mit flifse begherende, dafs ir ym sulch vnser gleit czu haldet, uch an ym nicht vorgriffet, sundern mit den selbigen, dy vnde wen dafs berurth, bestellet, sulchs tages uff den gemeltin dinstag nach Bartolomei in vnserm houe, wo wyr danne mid houe syn werdin, gein dem obgnanten Nicolao czu wartin. Alzo dann wollen wir sy von beyden teylen vorhoren vnde sy nach notturfft vntscheiden. Dafs alzo vnde nicht anderfs haldet, in dem thuth ir vns czu sunderm dancke. Geben czu Rochlitz, am sunnauende Margarete virginis Anno etc. XLVIII. [13. Juli 1448].

5. *Leipzig, den 25. (26?) August 1448.*

*Offener Brief des Rectors der Universität Leipzig, Darstellung des Verfahrens gegen Nic. Winter im Jahre 1443.*

[A 322ᵃ B 259ᵇ] Recognicio super exclusione Nic. Winter, data per rectorem Joh. Manpogh. Allen vnde iczlichin luthin, sunderlichen vnnd semptlichen, deme adder den disser offin briff vorkummet, sihet adir horet lesen, sal wissintlichen syn kunt vnd offenbar, dafs nach Christi geborth virczenhundert, darna in dem XLIII iare etc. ist kommen der vorsichtighe Erasmus Rogge, inwoner der stad Lipczk, vor den wirdighen meister Johannes Wissen, zcu der czieth rector der hoen schulen czu Lipczk, vnd hath geclaget obir Nicolaum Winter, czu der czit studenten do selbist, vn hoth gebethen, en vor zcu ladene, alzo recht ist. Dorch sulcher bethe willen hoth der selbige rector nach ordenunge vnd gewonheit der selbigen vniuersiteten en lafsen laden vnd heischen, recht vnd reddelich nach gerichtes louffte. Der dann — von gehorsames wegen, fso her gesworen hatthe zcu den heiligen, eyme itzlichem rectori gehorsam zeu syne — do selbist vor gerichte ghestunt vnd quam vor. Also her algo vor gerichte keginwertig was, do verczalthe der vorgnante Erasmus syne schulde vnd gab ym schult, dafs her synem wybe schuldig were III elen vorstad ezu eyner jopen, dy her do selbist an synem libe hetthe, jo dy ele vor XXVII grg, vnnd II elen parchen, vñd liefs en fraghen, ab her den selbigen vorstad vnd parchen synem wybe abe ge-koufft hete, adir ap her om gegeben were, adir ap her en hette ymande genommen. Do antworthe der vorgnante Nicolaus vnnd sprach, syn wyp hette en em gegeben. Sulch bekenthnisse besatzte do selbest Erasmus vnnd bath den selbighen rectorem, her wolde om setztzin eyne gnante zeyt, dar binnen her en sulchs vollqueme, alzo recht ist, dafs her em von synem wybe gegeben were; dafs denn der vorgnante uff dy zeyt rector tath vnnd irkante im rechten mit andern sinen meistern, dy her uff dy zeyt by sich hatthe, vnnd satzte ym VIII tage, dar bynnen her eyn sulchs vulkommen solde; wurde em aber broch an syme geczugnisse, fso sulde her Erasmo den selben vorstad vnnd parchen beczaln von rechte. Dar nach ezu dem bestetigten tage volquam der vorgnante Nicolaus nicht mit synen geczughen, so em doch irkant was vnd geortelt im rechten, vnnd dar vmmb wart vorder irkant nach gewonheit vnnd gerichtes loufte von dem vorgnanten rectori vnde synen bysitztzern vnde metherichtern vnnd ufs gesprochen im rechten, dafs her sulchen vorstad vnnd parchen dem vorgenanten Erasmo beczalen sulde von rechte. Sulch orteyl warth do selbist nicht noch dar nach von em noch von den synen ny gestraffet, alz recht ist, sunder swighende gewulbort[1]). Dar nach nach etzlicher zeyt word der selbige Nic. Winter von dem selbigen rectori vil vnd ofte vermanet, dafs her dem gesprochenen orteyle eyne rechte gnughaftige volge tethe, vnde beczalte sulchen vorstad vnd parchen nach luthe des orteyls; dafs her dann ye vnnd ye vngehorsamplichen wedder synes eydes gelubde weygerte zeu thune. Vnnd dar vmb vnd ouch vmme andere sine misselat obirtretunge vnd widerspenigkeyt[2]) von sunderlichen beuelnifse, willen, volbort vnnd geheyse der gantzen vniuersiteten warth der selbige Nic. Winter mit vorsegilten schrifften algo eyn vngehorsamer studente vnnd eyn vormoddert glid usgeslossin, usgetilgit vnd excludirt von der vniuer-siteten, nach ordenunge vnnd sunderlicher satzezunge der selbigen vniuer-siteten. Dafs gheschen ist an dem XXV tage des oustmondes, der was der ander tag nach ste. Bartholomeus tag in dem obin gescreben jare etc. [25. August 1443]. Dass alle obene gescribene geschicht artikel punct vnd clausulen sich in der warheit also vergangen haben vnnd alzo geschen syn, hyn ich, Johannes von Martpurg, meister der frien kunsten, itzezunt rector der vorgnanten vniuersiteten, vnnd alle meistere des rates der selbien vniuer-siteten volkomelichin vndirricht vnd vndirwyst von meyster Johan Wysen, der ezu der ezyt eyn rector was, bye deme alle vorgerurte artikele vnd

----

1) Das ist ganz richtig. Denn gegen das definitive Erkenntniss hatte Winter Nichts eingewendet — hatte freilich auch kaum ein Rechtsmittel dafür —; appel-liert hatte er nur gegen die ihm zugeschobene Beweislast.

2) von emd ouch an fehlt in A.

punckte gehandilt sien. Dor vmine habe ich vorgnannter rector von geheisse des vorbenanten rates der vninersiteten dem vorgnanten Erasmo dissen richtes brieff gegeben zcu eynem waren bekentenisse, den vorsegilt mit des rectorats sigil. Nach gotes gebord vierczenhundert jor dar nach in dem XLVIII jare am suntage[1] nach sancte Bartholomeus [*25. August 1448*] etc. in fidem premissorum[2]).

### 6. Ohne Ort und Datum, [nach dem 27. August 1448].

#### Schriftliche Klage des Nic. Winter gegen Erasmus Rogke.

[B 253ᵇ] Dis sint schulde czuspruche vn gerechtigkeit dy ich, NICOLAUS WINTER, bacc. czu Erffurde[3]), setze gebe vn thu wedder ERASMUM ROGKEN, inwaner czu Lypczk, also dy hyrnach schriftlichen vorczele.

Eher den selbigin mynen schuldin, durch gruntlicher vornemunge wille, setze ich eyne korcze vorrede, vorlouffunge vnnd wy gethanheyt dysse sachin irhob. ERASMUS ROGKE hoth besucht JOHANNEM WYSEN, czu der czyt rector der hoen schulen czu Lypczk, vnd mich vorklaget eyner vordampter schulde, ich hette vorstad getragin, der were synfs wybes gewest, vnd keyne gelt schult benumet. Uff disse schult ich mich antwert geschutz habe. Dor vmb mir der gnante JOHANNES WYSE dy bufse, zwene guldin, czu gesprochin vnd honlichen an allin kirchtorn gemand. Dy bryffe vnd czedeln ich abe genomen habe vnd byn vngehorsam worden vnd uff gesagit ab alle ire liberteten vnd nicht mher in orer geselschafft czu syn; vnd meyne, das das instrument, do ERASMUS mich irfolgit mete hoth, sy machtlofs, denn JOHANNES WYSE ist dar nach myn richter nicht mher gewest. Nu so heldet der houbtbryff vnd instrument, do mete ich irfolgit vnd vorbannen byn, eynne lutbar schult mit namen, ich solle syner frawen dry guldin schuldig syn vnd vunffvndczwenczig grossen vor III elen vorstad vnd II elen parchin, den ich or abe gekouft hette. Hyr wedder ist eyne recognicion, dy denn in myns gnedigen hern rathe gelefsin ist, vnd fellit myr czu der obin gnantin vordamptin schult, vnde ist weder houbtbryff[4]). Hir obir so hoth sich de gnante ERASMUS ROGKEN vorwillet vnd vorjowort in myns gnedigen hern sitzczende rathe, syne gerechtigkeyt instrument vnd houbtbryff inczulegin vor mynen hern von Merfe., dorczu her dann vormand ist by dem banne, das ich volkomen kan mit myns hern von Merfe. mandat etc. Ist der genante ERASMUS ROGKE vorkomen vor mynen hern von Merseburg sitzczendis gerichtis vnd vorlougkint synes instrumentis vnd houbtbriffes, vnd doch in myns gnedigen hern rathe

---

1) *Montage* B, danach wäre es der 26. *August*.

2) Beachtenswerth ist, dass in der Handschrift des JOH. WISE (A) die Stelle fehlt, in der sich der Rector auf die von ihm empfangene Orientierung bezieht.

3) Mindestens ungenau, denn er war Leipziger Baccalaureus, hatte auch seinen Aufenthalt damals schwerlich in Erfurt.

4) Lücke? Soll es heissen, das Original fehlt? Dass es fehlte, geht aus dem Schreiben an den Bischof von Merseburg (VIII, 3, S. 106) hervor.

bekanth hoth vnd auch vilmalfs czuuor, das instrument vnd syne gerechtikeit
lege czu Merse. in gerichte des thumtechanden.   Hoffe ich czum rechtin,
also als sich Erasmus Rogke an mynen hern von Merse. gewillet hoth, sine
gerechtikeyt als instrvment, do methe her beñet vnde gewoñen vordert,
inczulegen, vnd nu vorloucket hoth vnd nicht zo nach konen ist, als her
sich vorwillet vnd vorjowort hoth, her sy mir der sachin fellig vnd syn
instrvment sy falsch vnd allir sachin, cleyn addir grofs, wy sich dy von dem
falschen houbtbryffe vnd instrvment entsponnen hoth, vnd solle syne gerichte
vnd benne lafsin vnd abe stellin mit der hogestin bufse.   Ouch bethe ich
czu wyssen, das ich mich von dem gerichte des thumtechandin berufin habe
an das concilium gein Bafsil.  Durch der beswerunge des falschin instrv-
mentis ist myr eyn richter bynnen lande gegebin, der erbar her[1]) vnd probste
czu Aldenburg regeler ordins, der dem thumtechand von macht des concilii
hoth vorbothin[2]), keyns, cleyn noch grofs, vorder in den sachin czu thunde,
das der genante thumtechant cleyne geacht hoth, vū durch bethe der vniuer-
siteten wedervimb gewyst bin in das concilium, meynende mich mit macht
vnd gewalt von myner gerechtikeyt czu drangin.  Hyr vimb zo neme ich en
in disse nach geschrebenne schulde, dor yune ich czu hulfe vnd sture myns
rechtin czyhe dyfse vorgeschrebenne vorrede, wo addir in welchin punctin
addir artikeln myr dy mogin hulflich gesyn, ebene addir bequeme.

Czum erstin so schuldige ich, Nicolaus Winter, Erasmum Rogken uff
dy vorrede, dy ich mir in myne nachvolgende schulde dinge, vūd gebe om
schult eyns falschin instrvmentis, do methe her mich in freuels torstikeyt
weder ere vūd recht vorbannen hath vūd sich vorwillet vor myns gnedigen
hern rathe, das selbige instrvment, houbtbryff vūd gerechtikeyt vor mynen
hern von Merseburg czu legin, darczu her vormand ist by dem banne, das
ich volkomen kan mit myns hern bryffen von Merseburg[3]). Des instrvmentis
houbtbryffes vūd syns geczugis der genante Erasmus vorsacht vūd vorlougk-
nit hoth vor myme hern von Merse. sitczezendis gerichtis, vūd wollin do vor
swerin, vūd dy recognicion, dy in myns gnedigen hern rathe vorhandelt
vūd gelefsin ist, vormittelst der recognicion Johannes Wysen obingnant, ouch
des instrvmentis vorsachet vūd vorlougknit vūd der vordamptin schult obin
vormeldit lutbar vūd offintlich bekennet.  Der bryff vūd bekentenifs sich
czwyhet vūd ist weddir den houbtbryff vūd instrvment felfser vūd tothet;
das ich czyhe mich an iren schrifftin vūd bryffin, wen sy dy wordin vor-
legin.  Bethe ich bir obir czu sprechin was recht ist — sintdemal der ge-
nante Erasmus Rogke sich vor myns gnedigen hern sitczezende rathe vorwillet
vūd vorjowort hoth, sine gerechtikeyt vūd instrvment hobtbryffes, do methe
mich her beñet vnd gewin vordert, vor mynen hern von Merse. czu legen,
dar czu her ouch vormand ist by dem banne, deme zo nach czu komeñe ;
des hobtbryffes vūd instrvmentis her vorsacht vūd vorlougknit hath vor myme
hern von Merfseburg sitczezendes gerichtis, vūd Johannes Wyse, dysser sachin

---

1) den erbarn hern Hs.          2) Dies Actenstück ist uns nicht überliefert.
3) Auch ein solches Actenstück findet sich nicht.

eyn richter, ouch des instrvmentis vorlougknit hath, also dy recognicion irczeygit vn̄d ufsweyset —, ab her nu icht billichin vn̄d von rechtiswegin der schult vn̄d sachin sy vorfallin vn̄d ich dy czu om gewunnen habe, cleyn addir grofs, dy sich ufs dessin falschin vorlougkentin instrvment entsponnen hoth, vn̄d solle synen bau vn̄d gerichte abethun vn̄d lafsin mit der bufse, vn̄d dar czu alle mynen schaden richtin vn̄d wederkerin, czuvorufs myne czerunge adder was hir vmmb recht sy, vn̄d heische von dem gnantin ERASMO rechte volkomen antwert vn̄d bynnen rechter czyt, als sich durch recht gebort.

Czom andern male gebe ich, NICOLAUS WINTER, dein genantin ERASMUS ROGKEN schult, das her mich in eyme gutlichen tage vn̄d sthen, als bedderwe luthe ufgenomen vn̄d betedinget hatten, keyn dem erbern rathe czu Lypczk mit synen vuwarhaftigen worthin vn̄d falschin vorlougkenten instrvment hoth vorbrocht vn̄d besagit vn̄d in ore geferde gebrocht[1]), so das man mir nach lybe vn̄d leben gestanden hoth vn̄d vnfelich gewest bin: setzcze ich uff des rechtin irkentenifs, also ERASMUS ROGKE des gutlichin tages vn̄d stehen hinder sich komen ist vn̄d wollin brengin mich von lybe vn̄d lebin, ab her sich nu icht billichen vnd von rechtiswegin hir unne schuldigh gemacht, dy pyn vn̄d bufs eyns vorreterfs dulden solle, alzo als ichs bitte czu volkomen mit den bedderwen luthen, dy des gutlichen stehen gemacht habin; denn dy glosse des LXXII[2]) arti. des andern buches lantrechtis leret, wy man vier-leye wyfs eyner thad schuldig wirt, ut institut. de obligacionibus que ex delicto nascuntur § *manifestus* [Instit. 4, 1, in § 3] et § *interdum* [ebda. 4, 1, § 11]; de vi et vi armata li. 1. § *dejicitur* [Dig. 43, 16, 9]; C[3]) de vi publica et privata 1. *servos* [Cod. Iust. 9, 12, 8], et XI[4]) q. I, c. *conspiracionum* [Decr. Gr. II, 2, 11, 1, 22] vn̄d bethe hir obir czu sprechin, was recht sy. Ab ich durch recht vulfaren solde den geczug, bethe ich ome geborliche frist vn̄d czyt dar czu.

Czu welchin dessin mynen schulden mir der gnante ERASMUS ROGKE nicht volle antwert tete, bethe ich ufs czu spreheñe das recht, ab her mir icht billichen vn̄d von rechtiswegin der selbigin schult, vn̄d igliches stugkin besundern addir artikels, das her vorswege, fellig syn solle vn̄d voruallin werde, addir was hir vm̄b recht sy.

Wurde ouch der gnante ERASMUS ROGKE in synen antwortin kegin dessin mynen schulden setczen vn̄d in were vornemen, her hette vorlougkent des instrvmentis, zo das her das yn synen geweldin nicht enthabe, vn̄d were komen gein Bafsil nach dem, alz ich en dohyn geczogin vn̄d geladin hedde vn̄d were syn vnmechtig: dor kegin vn̄d weddir spreche ich, das sich der gnante ERASMUS vil vn̄d ofte berumeth hoth, is lege czu Mers. in gerichte vn̄d solle wys funden werdin; das wil ich on obir komen, wye recht ist, vn̄d ist nicht funden vnde vorlougkint vor myme hern von Mers. in gerichte. Holfe, das recht sage mir dy sache gewonnen, vn̄d das gerichte czu Merfse-burg vn̄d ban, der hir uff. gegebin ist, ist allis machtlofs vn̄d musse sy

---

1) Hiervon findet sich in den Acten nichts.      2) LXXI Hs.
3) C fehlt Hs.      4) XII Hs.

lassin vnd abestellin, als obin berurt ist, denn wes eyn richter mit vnrechte thut ist vm rechtin czu haldin als ab is nicht geschen were, vnd setzcze das uff das recht. Wurde her abir antwertin, ich hette mich vorswegin vnd sumig an dem termyn gewest vnd wedir das instrvment nicht excipirt, addir wy her das vor sich nemen wurde, dor mete her meynte myne schulde vnd gerechtikeyt abe czu wyfsin, do wedder vnd kegin setzcze ich, das ich alle termyn gehorsam gewest hyn bis an dy beruffunge, dy ich dann gethan habe in rechter legelicher czyt, als geborlichen ist czu thunde, an das concilium. Wart mir eyn richter bynnen lande gegebin, der erber her¹) vnd probist czu Aldenburg regeler ordins, do sy mir czu deme falschin instrvment gestandin vnd geantwert habin etc. Durch bethe der erbarn vniuersiteten weyssete der probist weder vmb dy sache an das concilium, meynende, mit gewalt mich von myner gerechtikeit czu drangin, vnd habe glichs noch rechtis bynnen landen nicht mogen bekomen, vnd bethe hir obir czu sprechin was recht sy.

Durchluchtigister hochgeborner forste, gnediger lyber herre, disse myne obin geschrebene schulde czusage vnd gerechtikeit uff antwert ERASMI ROGKEN, inwaner czu Lypczk, blibe ich, NICOLAUS WINTER, by uwern furstlichen gnadin addir uwers wyfsin rathis, als by mynen gewiltin scheidinges richtern, in sone dem rechtin ellich addir nach rechte; des habe czu ende disser schrift myn inges. gedrugket anno etc. XLVIII etc.

7. Ohne Ortsangabe (Leipzig), den 5. December 1448.

Schriftliche Antwort Er. Rogke's gegen die Klage des Nic. Winter.

[B 250ᵃ] An uwer gnade, hochgeborner furste vnd herre, herre FREDERICH, herczoge czu Sachsin, lantgrauc in Doringen vnd marggrauc czu Myssen, algo an mynen gnedigen lyben hern, vnd an uwer rethe brenge ich, ERASMUS ROGKE, inwoner czu Lypczk, disse nach geschreben myne were schutz vnd antwert, dy ich habe vnd setze wedder sulche schulde, dy NICOLAUS WINTER weddir mich gesatzt vnd schriftlichen obir gegebin hath, also hyr nach steit geschrebin.

Doch ehr al myner antwort zo setze ich eyne korcze vorrede, do durch uwer furstlich gnade, gnediger herre, merkin sal dy grofse vnredelichkeyt vnd torstikeit des vorgnanten WINTERS, dy her vor sich nymmet in blofsyr vormessenheyt, do methe ich ouch straffin wil myt der warheyt sine vorrede vnd ouch sine schulde, vnd spreche also, das ich von myns wybes wegin recht vnd redelichin vor dem rectori czu Lypczk, meyster JOHANNES WYSE genant, der do czu der zeyt rector was, irfordirt vnd irstandin habe mit rechter vorladunge nach loufte vnd gewonheyt des gerichtes uff den vorgenantin WINTER, der do czu der czyt eyn studente czu Lypczk was, dry elin vorstads, yo die ele vor XXVII ge, vnd 11 ele parcham, dy myr doch der selbige NICOLAUS WINTER weygerte czu beczalen weddir goth vnd recht vnd ouch weddir sulch irkentenisse vnd orteyl; das der selbige rector vil

---

¹) Auch hier wieder in der Hs.: den erbern hern, wie oben S. 98.

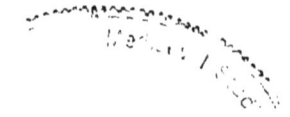

vñd ofte lys vormanen, daʒ her dem selbigen gesprochen orteyl eyne gnug-
haftige volge tethe vñd beezalte mir sulchin vorstad vñd parchim nach luthe
des orteyls, das her doch weddir synes eydes globde weygerte ezu thune;
vñd dar vmb vñd auch vmb ander syne myssethad mher von sunderlichem
beuelnisse vñd geheyfse der ganczin vniuersiteten wart der selbige NICOLAUS
WINTER mit vorsigiltin schriftin also eyn vngehorsamer studente ufs geslossin
vñd ufs getilget von der vniuersiteten nach ordenunge vñd sunderlicher
satzunge der selbigen vniuersiteten, das ich wol vulkomen kan vñnd mich
ouch en sulchfs irbyte ezu volkomene myt volstendigin vñd vnuorsertin briffin,
ab, wanne adder wy recht ist. Gnediger herre, do nu der selbige NICOLAUS
WINTER wafs ufsgetilget vñd ufsgeslossin von der vniuersiteten, do hatthe
ich ezuflucht ezu deme wirdigin hern JOHANSSE VON DEM WERDER, der do ist
eyn techant ezu Mers. vñd eyn geordinter richter. Ich lys den selbigen
NICOLAUS WINTER recht vñd redelichin vorladen vñd satzte myne schult wedder
en vñd obirantwerte aldar myne gerechtikeyt vor gerichte. Der selbige
richter nach clage were vñd antwert beider part sprach aber eyn orteyl
weddir den vorgnantin WINTER vñd vordample en yn eym nuwen schog ge.
vñd XXV ge. vñd darezu in der ezerunge, dy ich in der selbigin sachin vor
em gethan hatte. Gnediger herre, wy wol der selbige WINTER alzo obir
wunnen was, glichewol weygerte her myr dy beezalunge ezuthune, vñd
darvmb lys on der selbige techant bannen beswerin vñd dar nach noch
serre besweren; dar an her sich allis nicht enkarthe, sunder lys mich dar
nach laden in Westfalin vor das heymeliche ufslendische gerichte, allis wedder
got vñd recht, so ich em ny rechtes ezu phlegene vor deme erbern rathe
ezu Lypezk ufsgegangin was. Ufs sulcher myner vorrede, dy sich in der
worheyt also vñd nicht anders vindet, wirt uwer forstliche gnade wol merken,
wy gar in bofser torstikeit der vorgnante NICOLAUS WINTER mich ezu grofsir
mühe vnd schadin brengit vñd ouch ezu grossir ezerunge. Uwer gnade
wirt auch darufs merkin, das her gar vnbillichin sine schriftliche schulde
wedder mich gesatzt hath, vñd hoth dy irdocht, wann sichs yo wol anders
vindet, so ich das obenne habe geschrebin, das ich dann allis wol volkomen
kan vñd mich ouch ezu volkomene irbyte, ap, wanne vñd wy recht ist.

So dann der vorgnante NICOLAUS WINTER mich ezum erstin schuldiget
vñd gybt myr schult eyns falschyn instrvmentes, do methe ich on yn vreuels
torstikeyt weddir ere vñd recht vorbannen habe etc.: wy nu dy selbige sine
erste schult bys ezum ende ufswyset, dor kegin muchte ich, vorgnantir
ERASMUS, setzen vñd vorbrengin mancher hande were schutz vñd keginrede,
do durch ich mich der antwert wol schutzin vñd ufl haldin muchte, ʒo dy
selbige schult gar vnbedutlichin gesatzit ist; yodoch gee ich sulcher were
schutz von excepcion gantz abe, uff das uwer furstliche gnade moge irkennen,
das ich mich em ezu antwerteñe nicht besorge, das ich ouch von ym komen
wil ane lenger vorezog; dar vmb, ebr doch al myner antwert, so heyssche
ich, vorgnanter ERASMUS, von dem obingnantin NICOLAO WINTER disser vor-
geschrebenen schulde eyñe rechte were, mir dy ezu glabene vñd ezu thune,
wy recht ist, vñd bitte ufs ezu sprechenne das recht, ap her mir icht billich
vñd von rechtes wegin dy gewere thun vñd glabin muste ezu haldenne, dy

vorborgin, vorphendin adder czu den heyligen swerin, das her mir dy haldin
wolle, wy recht ist; vñd ap her mir dy nicht thun welde, ap ich dann icht
der antwert uff sulche syne schult czu thune solle los geteylt werdin: das
setze ich allis uff uwer gnade, gnediger herre, was hir vmb recht ist etc.

Nach der were, wann myr dy geschen ist, wy recht ist, so antwerte
ich, vorgenantir ERASMUS, czu siner schult vnde spreche, das ich dem rectori
czu Lypczk geclagit habe obir den selbigin WINTER vñd habe do selbist uff
dem selbigin WINTER recht vñd redelichin mit rechter vorladunge irstandin
vñd irclagit dry elen vorstads yo dy ele vor XXVII ge. vñd II ele parchim,
das czu sampne gerechint machet eyn schog vñd XXV nuwer ge., vñd dar
vmb, das her mich nicht beczalen wolde vñd auch vmb ander missethad
mher hot en der rector von sunderlichim geheyfse der gantzin vniuersiteten
ufsgeslossin ufsgetilget vnd excludirt von der vniuersiteten. Ich habe en dar
nach beclaget vor dem techande czu Merfs., der ouch nach[1]) vñd antwert
vñd bewysunge der gerechtikeyt eyn orteyl wedder en gegebin hath, vñd
hath en vordampt yn eynen nuwen schog ge. vnd yn XXV ge., vñd dar
czu in dy czerunge, dy ich yn der selbigin sachin vor em gethan habe, vñd
dar vmb das her mir weygerte sulche beczalunge nach luthe des orteyls czu
thune, hat en der techant lafsin bannen vñd beswerin, das ich allis wol
volkomen kan vñd mich ouch czu volkomen irbite czu rechter vñd bequemer
czyt, dy ich mir dinge, wy recht ist, ap, wann vñd wy recht ist; vñd ge-
truwe dem rechten wol, wanne ich en sulchs bewyse, so solle ich gantz
veilich vñd entbrochin syn von WINTERS clage vnde dorffe om vorder nicht
antwertin; das ich dann setze uff uwer gnade, gnediger herre, was hir vmb
recht ist. Wurde abir uwer furstliche gnade irkeñen, das ich noch vorder
antwerdin sulde, dann vñd nicht ehr so antwerte ich vñd sprech, das mir
NICOLAUS WINTER gar vngutlichin thut, das her thar sprechin, das ich on in
vreuels torstikeyt wedder ere vñd recht mit eyme falschin instrvmente ge-
bannen habe. Der techant hath on lafsin bannen dar vmb das her syme
orteyl, von em gesprochin, nicht gnug thun wolde, so ich das obenne habe
geschrebin, vñd dar vmb byte ich myne vnschult uff sine irdochte schult,
vñd sage em czu der schult »neyne«; ich welde falsheyt czu thune vngerne
gedenkin, ich habe ouch von [vor?] myme gnedigen hern von Merfs., deme
dy sache bevolin was[2]), vorczalt myne gerechtikeyt, also vil also ich der
hatte, vñd setze das allis uff uwer gnadin irkentenisse, gnediger herre, was
hyr vmb recht sy.

Und wann ich mich nu sulcher schult, dy her czu myr gesatzt hoth,
gerechtvertiget habe myt redelicher kuntschafft adder sust, wy ymme rechtin
irkant wirt, dann vnd nicht ehr so bitte ich, vorgnantir ERASMUS, czu irkennen
vñd ufs czu sprechin das recht, sintemol der vorgnante NICOLAUS WINTER mich

---

1) Fehlt ein Wort (clage?), oder steht vnd überflüssig?

2) Ein directer Eingriff des Merseburger Bischofs auf erhaltenen Auftrag hin
geht nicht aus den Acten hervor. Oder ist die Bulle des Basler Concils vom
19. September 1447 (oben S. 88 fg.) gemeint?

offinberlichin in sinen schriftin vnthat vnd falscheyt czyet, das her yo nicht
glougkin mag nach luthe siner schulde, vnd ich mich sulcher vnthat vnd
falscheyt gerechtvertiget habe, der gantz vnschuldig bin nach luthe myner
antwort, ap her nu icht selbir solle sulche pyn lyden, dy man felschern
phleget an czu legene, wy dy ymme rechten geschrebin stet, adder was dar
vmb recht ist, so dy recht sprechin daz der eleger solle selber lyden sulche
pene dy der antwerter hette sult lydin, wenne her der bofsheyt schuldig
were gewest, dor vmb her on hath beclaget; vnd allis das uwer gnade
irkennet yn sulchem wandele myr czu thune, dor lofse ich mir wol an ge-
nugin vnd setze das uff uwer gnadin irkentenisse, was hir vmb recht ist.

Zcum andern male schuldiget mich der vorgnante Nicolaus Winter vnd
gybt mir schult, das ich en in eynem gutlichin tage, den do biderbe luthe
uff genomen vnd betedinget hattin, kegin dem erbern rathe zu Lypcz mit
mynen unwarhaftigin worthen vnd falschin vorlougkentin instrvmentin habe
vorbracht vnd besaget vnd in ire gefeerde gebracht, so das man en nach
lybe vnd lebin gestandin hoth vnde feilich gewest ist, vnd gybt czu irkennen
ym rechten so, also ich des gutlichin tages hinder mich komen bin vnd habe
en wolt brengin von lybe vnd leben, ap ich mich nu icht selb schuldig
macht sulde habin vnd sulde dy pene eyns vorrethers lyden etc., wie nu
dy selbige sine schult bis czum ende ufswyfset: Dor kegin setze ich, vor-
gnanter Erasmus, myne were, dor ich mich der antwert schutzin wil, also
ich meyne, nemlichen dar vmb, das her von mir keiner antwert muthet vnd
ouch das her nicht ensetzet, welcherleye vnwarhaftige wort ich vor den rat
czu Lypezk brocht habe, wy dy geluthet habin, vnd ouch nicht ensetzet dy
czyt wann das gescheen ist, zo das das ye eyne vinstere vnd vnbedutige
schult ist, wenn ich mich eigintlich nicht mag bedenkin uff sulche gemeyne
schult antwert czu thune, vnd dar vmb bitte ich, ufs czu sprechenne das
recht ehr myner antwert, sintemol eyn iezlich eleger eygentlich clar vnd nicht
vinster sine schult obirantwertin sal, uff das der antwerter sich wol bedenkin
mag vnd mag dar czu eyne clare vnd ware antwert gebin, das dann Nico-
laus Winter nicht gethan hoth. Her both dy vnwarhaftige wort, dy ich vor
dem rathe czu Lypezk sulde gesprochin habin, yn schult nicht gesatzet, von
mir ouch keyne antwert muthet, dy czyt ouch nicht namhaftig machet, nach
deme das sine schult wol ufswyset. Ap ich nu icht solle der antwert lofs
geteylt werdin mit mereme rechte dann ich em vordir antwerdin dorffe, das
setze ich allis uff das recht, was hir vmb recht ist.

Wurde abir irkant, das ich mich der antwert mit sulcher were nicht
geschutzin muehte, des ich mich czum rechtin nicht envorsche, dann, vnd
nicht ehr, so heissche ich von em dy gewere czu dessir ander schult in·
allir mafse, so ich dy uff dy erste schult gebetin habe, vnd getruwe deme
rechtin wol, her mufse mir dy thun ehr myner antwert, das ich denn ganez
setze uff das recht, was hir vmb recht.

Nach der were, wann mir dy geschen ist, wy ymme rechtin irkant
wirt, danne so antwert ich czu siner ander schult vnd spreche, das mir
Nicolaus Winter vngutlichen thut dar an, das her thar sprechin vnd schribin,
das ich en keyn dem rathe czu Lypezk in eyme gutlichin tage habe mit

vnwarhaftigen wortin vnd falschen vorlougkenten instrvmenten vorbracht vnd besaget. Gnediger herre, der vorgnante Nicolaus Winter lys mich laden vor das heymelliche gerichte in Westfalen vor eynen richter, der sich nennet Henrich von Gnossin, friegrefe ezu Geseke, das ich wol volkomen kan mit deme ladebriffe, der mir da selbist wart geantwert, vnd bite¹) den vorezulegene vorsigilt, ap wann vnd wy recht ist. Do selbist ging ich vor den erbern rath ezu Lypezk vnd clagete das vnd meyne, sintemol ich dem vorguanten Nicolao Winter rechtes ezu phlegene vor deme rathe ezu Lypezk uye ufs gegangin byn, her sulde mich nicht habin lafsin ladin vor das heymeliche ufslendisse gerichte, vnd hoffe ezum rechtin, sintemol ich mit deme ladebriffe des vorgnantin fryen greues wol volkomen kan, das her mich also hath lafsin yn eyn fremde gerichte ladin, ich dorffe ym nicht vorder antwertin; sulde ich abir noch vorder antwertin, so antwerte ich em ezu siner ander schult vnd sproche em dar ezu »neyn«, her thut mir vngutlichin, ich habe en mit vnwarhaftigen wortin vnd falschin vorlougkentin instrvment keyn dem rathe ezu Lypezk nicht vorbracht vnd besaget, ich welde das ouch vngerne thun; vnd dar vm̄b setze ich das uff das recht, was hir vm̄b recht ist.

Und wann ich mich nu gerechtuertiget habe sulcher schult, so bitte ich vorder ufs ezu sprechenne das recht, sintemol her mir vorretherie ezuezuht vnd mich dy ezycht offinberlichin in sinen schriftin, der ich doch vnschuldich byn nach luthe myner antwert, ap her nu icht solle selbir eyns vorrethers pyn lyden in allir mafse, also ich das ouch obenne yn myuen schriftin habe gebeten. Und allis, das mir uwer gnade irkennet vor recht vm̄b sulche wandel mir ezu phlegene, dar lafse ich mir wol an genugin.

Ich, vorgnanter Erasmus, blibe sulcher were schutz vnd antwert by uwern gnaden, gnediger herre, vnd bitte uwer forstliche guade mit mynem vndertenigin dinste, uwer gnade wolle nach schult were vnd antwert dy von vns beydin obirgeantwert sin, irkennen vnd ufssprechin also vil also recht ist; Das wil ich willeclichin vm̄b uwer forstlich gnade gerne vordynen. Geschreben anno etc. yn dem XLVIII iare am dinstage nach Andree [Dienstag, den 3. December 1448] vnder myme ingesigil etc.

## VIII. Episode vor dem Bischof in Merseburg.

1. *Merseburg, den 13. September 1448.*

*Citation des Erasmus Rogke.*

[A 322ᵇ] Citacio pro parte Ni. Winter contra Erasmum Rogken.

Johannes, dei et apostolice sedis gracia episcopus ecclesie Merseburgensis, plebanis et divinorum rectoribus opidi Liptzensis ceterisque super presencium execucione requisitis salutem in domino. Vobis in virtute sancte obediencie ac sub suspensionis et excommunicacionis penis, quas in contrafacientes.

---

¹) d. i. erbiete mich.

terna tamen et canonica monicione premissa, ferimus in hiis scriptis, districte precipientes mandamus, Quatenus accedatis, quo et ubi propter ea fuerit accedendum, et diligenter et peremptorie ad nostram citare curetis presenciam ERASMUM ROGKEN, alias KRAMER, opidanum Liptzensem, quem et nos auctoritate nostra ordinaria tenore presencium sic citamus, ut feria sexta proxima post diem sancti Lamperti [20. September 1448] mane hora terciarum coram nobis Merfseburg. in curia nostra episcopali legitime compareat, querelis et objectionibus honorabilis NICOLAI bacc. etc. in jure et justicia finaliter responsurus.

Redd. lit. sigil. Datum anno domini M°CCCC°XLVIII° feria sexta post festum natiuitatis Marie [15. September 1448] nostro subinpresso sigillo.

2. *Merseburg, Freitag den 20. September 1448.*

*Aufforderung an Erasmus Rogke, das Originalinstrument zu präsentieren.*

[A 322 b] Compulsorium super presentacione instrumenti ex parte Ni. Winter et Erasmi.

JOHANNES, dei gracia episcopus ecclesie Merzeburgensis, divinorum rectoribus opidi Liptzensis ceterisque nostre jurisdictioni subjectis cum presentibus requisitis salutem in domino. Quia vertente coram nobis causa inter honorabilem NICOLAUM WYNTER, arcium bacc., actorem ex una et discretum ERASMUM KRAMER, opidanum Liptzensem, reum de et super quadam originali littera, a venerabili viro domino magistro JOHANNE WYSEN, pro tunc rectore alme vniuersitatis studii Liptzensis, data, sigillo sui rectoratus subappenso roborata, et per FREDERICUM RADELOFF, notarium publicum, per modum publici instrumenti subscripta, ut idem actor asserit, occasione certe pecunie, videlicet unius sexagene novorum et certorum grossorum, ex altera partibus, Cumque idem NICOLAUS WINTER, actor, contra eundem ERASMUM, reum, super huiusmodi litera siue instrumento publico agere et, quid juris fuerit, procedere intendit, Quare vobis omnibus et singulis supradictis requisitis in virtute saucte obediencie et suspensionis et excommunicacionis penis, quas in rebelles et presentis nostri mandati neglectores, terna tamen et canonica monicione premissis, ferimus dei nomine in hiis scriptis, firmiter et districte precipientes mandamus, quatinus diligenter moneatis et requiratis prefatum ERASMUM KRAMER, reum, qui dicitur huiusmodi literam, super qua lis oritur, circa se habere, quem et nos tenore presentium sic requirimus et monemus, ut infra spacium quindecim dierum, ab insinuatione presencium proxime computandum, prenominatam originalem literam siue publicum instrumentum coram nobis exhibeat et producat realiter et cum effectu, alioquin, si secus, quod absit, fecerit, contra prefatum reum, prout juris ordo exigit, rigidius procedere curabimus, excommunicacionis sentenciam in eundem promulgando. Redd. lit. sigill. in signum vere execucionis per vos fideliter facte, penis sub premissis. Datum anno domini M°CCCC°XLVIII° in vigilia beati Mathei apostoli [Freitag den 20. September 1448], nostro subimpresso sigillo.

*3. Leipzig, wohl Ende September 1448.*

*Darlegung des Vorganges seitens der Universität; das Originalinstrument verloren.*

[A 322ᵇ] Informatio facta judici episcopo pro parte ERASMI KRAMER.

Reverende in Christo pater ac domine graciose. ERASMUS KRAMER anno domini 1443 a magistro JOHANNE WYSEN, tunc rectore vniversitatis studii Liptzensis, quandam recognicionem optinuit super exclusione NICOLAI WINTER propter sui excessus et non solucionem debiti, sibi judicialiter adjudicati, quam quidem recognicionem, per FREDERICUM RODOLPHI, notarium publicum, secundum formam prothocolli sui per modum instrumenti confectam, processu temporis ad judicium domini decani ecclesie Merzeb., judicis delegati, cum vniversitas non habuit ultra exclusionem alias penas infligere, presentavit et, quia hec recognicio infra terminum juris non fuit impugnata, ideoque dominus decanus, visis actis et acticatis, pro dicto ERASMO et contra dictum NICOLAUM WINTER sentenciam diffinitivam super solucione debiti fulminavit. Hec vero sentencia, quia appellacio talis qualis, per NICOLAUM WINTER interposita, infra terminum juris non est executa, in rem transiit judicatam, quare petiit ERASMUS d. NICOLAUM condempnari in predicta solucione et expensis, antequam audiencia sibi detur. Est verum, quod dictus NICOLAUS anno precedenti 47 de mense Julii magistrum JOHANNEM WYSEN, FREDERICUM RODOLPHI, notarium, ERASMUM et eius uxorem ad concilium Basiliense citari procuravit super nullitate iniquitate et injusticia cuiusdam sentencie et eciam quodam falso, ut asseruit, instrumento, super qua citacione universitas ex parte magistri JOHANNIS et ERASMI nuncium destinavit, concilium Basiliense super sentencia quadam, contra NICOLAUM WINTER et pro ERASMO judicialiter lata et per totam universitatem nacionaliter approbata, plenius informando. FREDERICUS vero RODOLPHI a dicta citatione concilii Basiliensis ad dominum NICOLAUM papam quintum coram notario et testibus appellavit, intendens infra terminum juris suam prosequi appellationem, apud quem creditur[1] fore instrumentum originale, cuius tamen copia habetur, ut presumitur, apud tabellionem judicis delegati in hac causa, domini decani Merzeburgensis. Sicut enim ea, que in capittulis[2] fiunt, juxta juris disposicionem per canonicos probantur, sic et in universitate acta et gesta simpliciter et de plano sine strepitu et figura judicii per officiales, cuiuscunque fuerint denominationis, eciam nullo presente publico notario, roborantur.

---

1) Darunter *presumitur*.     2) Die Endung nicht gesichert.

## IX. Directiv-Urtheil des kurfürstlichen Hofgerichts.

*Rochlitz, den 4. Juli 1449.*

*Rechtsspruch des Kurfürsten Friedrich und seiner Räthe.*

[B 256ᵃ] Nach schulden, czuspruchen vnd gerechtikeyten NICOLAI WINTER, kegenrede, schulz vnd antwurt ERASMI ROGKEN Sprechen wir, FREDERICH, von gotis gnadin herczog czu Sachsen etc. mit vnsern reten einhelliglich difse nachgeschriben rechte, als wir vns der erfaren haben vnd selbs besser nicht enwyssen, ufsgelafsin die vorrede, dar uff wir nicht scheiden.

Zeum ersten, als NICOLAUS WINTER ERASMUM ROGKEN in syner erstin schult schuldiget eynes falschin bryues vnd instrvmentis, da mit er yn geweldic-lichen wider got ere vnd recht vorbannen hat vnd gelestert, das er hat müfsen vorloucken vor synen herren von Merfsburg etc., der schult heischet ERASMUS ROGKEN chir siner antwert von NICOLAO WINTER vnder andern wortin eyne rechte were, wye recht ist: Sprechin wir, FREDERICH, herczog czu Sachsin obgenant, mit vnsern reten uff die were vor recht,

das NICOLAUS WINTER die were ERASMO ROGKEN geloben vnd thun sal mit hande vnd mit munde, die vorburgen ader vorpfenden, ader sal dy were mit synes selbist hand sweren uff den heiligen, dy stete vnd gancz czu halden, als were recht ist; vnd wegerte er die were also czu thune, so blibet ERASMUS ROGK der schulde von ym mogelichen clagelos, von rechtes wegen.

Nach der were, wenne die ERASMO von NICOLAO WINTER gethan vnd vol-czogen wirdet, vnd als ERASMUS antwurt, das er dem rectori czu Lypczk ge-claget habe vber den selben WINTER vnd habe do selbst uff dem selben WINTHER recht vnd redelichen mit rechter vorladunge erstanden vnd erclait drie elle vorstades, so die elle vor syben vnde czwenczig nuwe groschen, vnd ander halbe[1]) parcham, das czu sampne gerechent macht eyn schog funfvndezwenczig nuwe groschen, vnd dar vmb, das er nicht yn beczalen wolde, vnd auch vmb andere sine missetat mehir hat yn der rector von sunderlichen geheisse der ganczen vniuersiteten ufsgeslossen ufsgetilget vnd excludiret von der vniuersiteten; er habe yn dar nach beclaget vor dem techande czu Merfseburg, der auch nach schult vnd antwurt vñd bewiesunge der gerechtikeyt eyn orteyl widder yn gegebin hat etc. wie denn solliche schult vnd antwurt von beiden teylen inhaldin: Sprechin wir, herczoge

---

1) Die falsche Angabe 1½ beruht auf ungenauer Schreibung des letzten i der latein. Ziffer ii, das als j geschrieben zu werden pflegte : ward der Strich von unten soweit wieder emporgezogen, dass er durch den Grundstrich des j hindurch-ging, so bedeutete das ½. Das Richtige ist 2, wie aus den Stellen hervorgeht, in denen arabische Ziffern verwendet sind (z. B. WINTER's Appellation an die con-siliarii I, 2, S. 49) oder die Zahl in Worten ausgedrückt ist, z. B. *duabus ulnis parcham* in dem Instrument I, 4, S. 51.

Frederich obgenant, mit vnsern reten uff die erste schult vnd antwurt vor recht:

mag Erasmus Rock solliche erforderunge mit dem rectori der hoen schulen czu Lypezk vnd auch dem techande czu Merfseburg ader iren volstendigen briuen geczugen, als recht ist, das er Nicolaum Winter also erfordert vnd czu banne gebracht hat, als Erasmus in syner antwurt setzet, vnd wenn Erasmus das also geczuget hat, só ist er Nicolao Winter von der schult wegen, vnd sinen nachsatze, dornach gesatzet, nicht schuldig noch pflichtig, vnd ist billichen der anclage von Nicolao Winter entprochen, von rechtes wegen.

Und als Erasmus furder seczet, wenn er sich sollicher schult, die Nicolaus Winter czu ym gesaczt, gerechtfertiget habe mit redelicher kuntschafft ader sust, wye in rechte erkaut wirdet, denne, vñd nicht chir, so bittet der gnante Erasmus czuerkennen vnd ufsczusprechen das recht, sintdemal der gnante Nicolaus Winter yn offenberlichen in synen schrifften vnthat vnd falscheyt czyhet, das er yo nicht [mag] geloucken nach lute syner schulde, vnd er sich solcher vnthat vnd falsheyt gerechtfertiget hat, der gancz vnschuldig ist nach lute syner antwert, ab er nu icht selber solle solch pene lyden, die man felschern pfleget anczulegen etc.: Sprechin wir, herczog Frederich obgenant, mit vnsern reten vor recht:

weñn Erasmus das also volkomet mit volstendigen briuen des rectors vnd techandis czu Merfseburg, als wir oben gesprochen haben, so en mag yn Nicolaus Winter falscheyt nicht beczihen, vnd das Nicolaus Winter ym falscheyt czusagit vnd yn des vor gerichte nicht oberwuunen, yn auch dar vmb nicht pinlich beclayt hat, so were Nicolaus Winter Erasmo dar vmb vorfallen siner busse vnd mehir nicht, von rechtes wegen.

Uff die ander schult, dor inne Nicolaus Winter Erasmum schuldiget, das er yn in eynem gutlichen stehen vnd tage als bedirbe lute uff genomen vnd beteydinget hatten, gein dem erbarn rate czu Lypezk mit synen vnwarhafftigen worten vnd falschen vorloukenten instrument hut furbracht vnd besaget, so das man ym nach libe vnd leben gestanden hat vnd er vnfelich gewest sy etc., kegen vnd widder dy schult seczit Erasmus vnd meynet, das er ym czu der schult antwert nicht pflichtig sy, vnder andern worten dar vmb, das er nicht en seczit, welcherley vnwarhaftige wort er vor den rat czu Lypezk bracht habe, wie die gelutet haben, vñd auch nicht ensoczit dy ezyt wenne das gescheen ist, so das ye eyne finster vnd vnbedutige schult ist, wenn er sich eigentlichen nicht mag bedenken uff sulche gemeyne schult antwert czu thune etc., als dann solche Nicolaus Wintheras schult vnd schutz Erasmus uff beiden teilen inhalden: Sprechin wir, herczog Frederich obgenant, mit vnsern reten vor recht:

sintdemal Nicolaus Winter schuldiget Erasmum, das er yn gein dem erbarn rate czu Lypezk mit vnwarhaftigen worten vnd falschen vorlouckenten instrvment furbracht vnd besaget, so das man ym nach lybe vnd leben gestanden hat, vnd nicht namhafftig seczit noch machet in syner schult, welcherley vnwarhafftige wort, wie die gelutet haben, gewest sin vnd gesaget, do mit yn ERASMUS vor den rat bracht had, so ist ERASMUS ym czu solcher vngeluterten vnd vngeelerten schult antwert nicht plichtig, von rechtis wegin.

Vorsigelt mit vnserm, herczogen FRIDERICUS, vnden uffgedrucktem insigel, vnd geben czu Rochlicz am fritage Udalrici anno domini M⁰CCCC⁰ quadragesimo nono etc. [*Freitag, den 4. Juli 1449.*]

## X. Vor dem Schöppenstuhl zu Leipzig.

*Ohne Ortsangabe, 1449.*

*Nic. Winter bittet die Schöppen zu Leipzig um Erläuterung.*

[B 257ᵇ] Nach irfarunge vnd des rechtispruchs des hochgeborn hern FREDERICH, hern vnd herczogen czu Sachsen, einhelliglich gesprochen mit synen reten nach schult vnd antwert uff beyden teyl, usgeslassen die vorrede,

Zeum ersten, als NICOLAUS WINTER ASMUM ROGKEN in siner ersten schult schuldiget eyns falschen briues vnd instrvmentes, do mit er on gewoldiglich wider got ere vnd recht vorbannen hat vnd gelesterd, das er hat mossen vorleucken vor sime hern von Merfseburg sitzendes gerichtes: disser schult heischet ASMUS eher siner antwert vnder andern worten eyn rechte were, wie recht ist.

Nach der were, wenne die ASMUS von NICOLAO WINTER gethan vnd volezogen wirdet, vnd als ASMUS antwort, das er dem rectori czu Lypczk geclaget habe obir denselben WINTER vnd habe do selbist uff den selben WINTER recht vnd redelichen mit rechter vorladunge irstanden vnd irclaget drie ellen vorstad yo die elle vor XXVII nuwe ge. vnd 1½ ellen parcham, das czusampne rechent machet 1 schogk vnd XXV nuwe ge., vnd dor vmb, das er on nicht beczalen wolde, vnd auch vmb ander sine missetad meher hat on der rector von sunderlichen geheysse der ganczen vniuersiteten ufsgeslofsen vfsgetilget vnd excludirt von der vniuersiteten; her habe on dor nach beclaget vor den techand czu Merfsburg, der auch nach schult vnd antwert vnd bewysunge der gerechtikeyt eyn orteyl widder on gegebin hat etc., wie denn sollich schult vnd antwert von beydenteyl inhalden:

Sprechen wir herczoge FREDERICH obgnant mit vnsern reten uff die erste schult vnd antwert vor recht: mag ASMUS ROGKE solliche irforderunge mit dem rectori der hoen schulen czu Lypczk vnd auch dem techande czu Merfseburg adir iren volstendigen briuen geczugen, als recht ist, das her NICOLAUM WINTER also irfordert vnd czu banne bracht hat, als ASMUS in syner antwert setzet, vnd wenn das ASMUS also geczuget hat, so ist her NICOLAO WINTER von der schult wegen vnd synem nachsatze, dar nach gesaczet, nicht schuldig nach phlichtig, vnd ist billichen der anclage von NICOLAO WINTER entprochen, von rechtiswegen.

Als denn der ander rechtisspruch setzet,

wenn Asmus das also volkomit mit volstendigen briuen des rectors
vnd techandis czu Merfseburg, als wir obin gesprochin haben, so enmag
on NICOLAUS WINTER falscheit nicht beczihen etc.

Ersamen wysen scheppen czu Lypczk, ich bethe uch czu lutern, ab
mir Asmus volantwurt gethan habe czu myner schult, vnd meyue, nach der
gethanen were mogelichen sage mir Asmus 'yo' adder 'neyn' in voller ant-
wert czu myner schult. So er das nicht gethan hat, als sine antwert ufs-
wyst, meyne ich, Asmus dulde der schult vnd solle verlorn haben dy sache
in allen vorderen behelff etc. Solle is aber volantwert syn nach czusage
des rechten, bete ich uch, ersamen wysen scheppen, dissen obingeschrebin
rechtispruch czu lutern: Als Asmus volkomen sal mit volstendigen briffen
des rectors vnd techandis czu Merfsburg vnd geczugen, als recht is, Ab no
Asmus icht mogelichen des gerichtis bryff, den om JOHANNES WYSSE rector
ufs gerichte gegeben hat, vnd namhaftig alle syne eydesgenosen setczet als
iudiciales vnd assessores, vnd FREDERICUS RADELOFF, offenbar schriber, vor-
czeichent vnd mit syner hant vorwerd hat, in massen eyns instrvmentes
vnd volstendigen gerichtis bryffes, vor sich brengen solle, den ich falsch
geschulden habe. Vnd als Asmus ROGKE selber bekonnet in syner antwert,
her sie komen mit beweisunge der gerichtikeid an den techand czu Merfse-
burg, der ouch eyn orteyl weder mich gegeben hat, als ich meyne wedder
recht, nach der beruffunge, dy ich personlich in gerichte gethan habe vnd
auch dar nach in schriften, als geborlich ist czu thunde, wie er no denselben
bryff, do mit er mich czu banne vnd an gerichte bracht hat, recht echt vnd
volstendig machen solle, Ab er das icht thun solle mit richter vnd scheppen,
dem vollen geczuge, die in dem gerichtisbryffe namhaftig geschreben stehen
mit sampt dem offenbarn schreyber mit dem vollen gerichte, ydermenlich
besundern uff den heiligen geczugen, als geczugis recht ist, Ader wie er
des rectors briffe recht vnd volstendig machen solle, so als der rector
JOHAN WYSE in synen vorsigilten mandaten offenbard vnd luterlich bekonnet,
das er gericht habe eyne finster vordampte schult, »NICOLAUS WINTER hat
vorstad getragen, der ist Asmus ROGKEN wybes gewest«, do ich habe wollen
czu antwerten. Dem glich helt vnd geczugit der bryff, den Asmus czu All-
denburg in myns hern von Sachsen sitczende rad geantwurt hat, den Jo-
HANNES MARTPURG, nestin rector vnd meister, ufs syme gerichte geben hat,
als dann JOHANNES WYSE vor om vnd syns gerichtis bekant hat: der bryff
vom kentczeler in geinwertikeyt gloubhaftiger gnug gelesin ist, vnd meyne,
vnmogelichen solle der rector czwo czungen in syme munde haben, do mitte
her moge syn vngerichte recht echt vnd volstendig machen. Vnd bete hir
obir die luterunge, was recht sie. Gegeben vnder myme ingesigel. Anno etc.
XLVIIII° etc.

## XI. Definitives Urtheil des kurfürstlichen Hofgerichts.

*Grimma, den 13. Mai 1450.*

*Rechtsspruch des Kurfürsten Friedrich und seiner Räthe, Erasmus Rogke von der Anklage befreiend.*

[B 258ᵇ] Nach dem als wir, von gotis gnaden Frederich herczog czu Sachsen, des heyligen Romischen rychs erczmarschalk, lantgraff in Doringen vnd margraff czu Myssen, vormals uff schult Nicolai Winthers vnd antwurt Erasmus Rocken nach gethaner were mit vnsern reten eynmütiglich vor recht gesprochen haben, »mag Erasmus Rogke sollicke irforderunge mit dem rectori der hoenschulen czu Lypczk vud auch dem techande czu Merfseburg ader iren volstendigen briuen geczugen, als recht ist, das her Nicolaum Winter also irfordirt vnd czu banne bracht hat, als Erasmus in syner antwurt setczet, vnd Erasmus das also geczuget hat, so ist er Nicolao Winter von der schult wegen vnd synem nachsatcze, dar nach gesatczet, nicht schuldig noch phlichtig vnd billichen der anclage von Nicolao Winther entprochen etc.« wie dann nu sollicher vnser spruch furder inheldet, Des so habe Nicolaus Winther Erasmus Rogken die were vor dem rathe czu Lypczk, den wir das also an vnser stat empfolen hatten, czu thune gesworn, vnd nach der were so habe Erasmus Rogke czu geczugen vnd czu volkomen vorbracht des genanten rectorę czu Lypczk vnd des techandis czu Merseburg vorsigilte orteyl vnd sentencie mit andern banbriuen, die wir dann auch eygentlichen vorhort vnd vormerket haben; wider sollich briue des rectorę vnd techandis czu Merfseburg orteyl briue vnd sentencie hat Nicolaus Winther ingelegit eyne czedil vñd gebethen eyner luterunge, ab ym Erasmus volle antwurt gethan habe czu syner schult vnd meynt, das ym Erasmus nach der gethaner were mogelichen czu siner schult »yo« ader »neyn« sage, wie denne solliche sine luterunge in mehir nachfolgenden worten ynneholdet, Sollichs alles, wie obin gemelt ist, wir mit vnsern reten eigentlichen vorhoret vnd gemerket haben, vnd sprechen daruff vor recht, als wir vns dann an den doctoribus des rechten flissichen befraget haben vnd selbst besser nicht wissen:

sint dem mal Erasmus Rogke hat furbracht sollicke offene vorsigilte briue des rectoris der hoen schulen czu Lypczk mit des rectoratus sigil vorsigilt vnd auch eyn offenbar instrvment, mit des techandes sigil czu Merfseburg vorsigilt, die alle inhalden rechte orteylspruche, dar inne Erasmusse in rechte czu erkant ist, das Nicolaus Winther Erasmus vmb sollichen vorstad vnd anderthalbe elle parchans vfsrichtunge thun sal, vnd Nicolaus Winther der sachen also fellig ist wurden, so sint das volstendige briue vnd Erasmus Rocke ist damit volkomen, vnd darff ym czu syner schult furder nicht 'yo' ader 'neyn' sagen, so sollicke Erasmus antwurt ist volkomelich vnd im rechten bestendig, von rechtis wegen.

Vorsigelt mit vnserm uffgedrucktem insigel vnd gegeben czu Grymme am mittewochen vnsers herren vffarts abende, Anno domini MᵒCCCCᵒLᵒ etc. [13. Mai 1450].

## XII. Execution des Urtheils beim bischöflichen Gericht in Merseburg?

*Merseburg, den 9. Februar 1451.*

*Notiz, betr. Überreichung eines Schriftstückes seitens des Procurators des Er. Rogke beim bischöflichen Gericht.*

[B 259ᵃ] Anno domini 1451 die Martis, IX mensis Februarii [*9. Februar 1451*], hora terciarum vel quasi NICOLAUS WORCZIN, procurator providi ERASMI ROCKEN, in curia episcopali Merfs. coram officiali[1]) curie predicte comparuit et presentes[2]) literas, quedam jura pro iure[3]) partis sue continentes produxit, presentibus ibidem MARCO KAPPUS, Merfseburgensi, et MICHAELE STUCZ, Magd., clericis, testibus ad premissa etc.

---

### Nachträgliches.

1. Zu S. 8, Z. 14 fg. u. S. 49, Anm. 2. Wie diese Veränderung der Klage gemeint sei, scheint hervorzugehen aus der Darstellung für das kurfürstliche Hofgericht, S. 97.

2. Zu S. 20, Z. 6 v. u. Nic. Winter behauptete, schon mündlich um Apostoli gebeten zu haben. Vgl. S. 110, Z. 22 v. o. Daher *iterato*.

3. Zu S. 20, Z. 2 v. u. Die Apostoli scheinen ihm gewährt zu sein, wie ich bereits vermuthete. Aber die Appellation erfolgte so spät, dass das Urtheil des Domdechanten inzwischen rechtskräftig geworden war. So stellt es wenigstens die Information der Universität dar. Vgl. S. 106, Z. 16 v. o. Die ferneren Vorgänge am Merseburger Gerichte bleiben recht in Dunkel gehüllt, denn in Merseburg selber haben sich gar keine Acten aus dieser Zeit erhalten.

4. S. 25, Z. 20 v. o. sind die angeführten Worte missverstanden. Vgl. S. 76 Anm.

5. S. 28, Z. 10 v. o. ist für *Henrici* zu lesen *Herwici*.

6. S. 35, Z. 10 v. u. lies: seit der Mitte der 30ger Jahre.

7. S. 43, Z. 7 v. o. lies: Instrument des Rectors von 1443.

---

1) Die Endung nicht sicher.

2) Dieser Eingang steht zwischen dem Urtheilsspruch vom 13. Mai 1450 (oben XI) und dem offenen Briefe des Rectors MARPURG vom 25. August 1448 (VII, 5). Aber das Wahrscheinlichere ist, dass er zu dem ersteren gehört, da unten noch ein grosses Stück der Seite frei geblieben ist, und der letztere Brief erst auf der folgenden beginnt.     3) Undeutlich.

# Inhaltsübersicht.

## A. Darstellung des Verlaufs.

## B. Documente.